ブルーノ・ムナーリ

ファンタジア

萱野有美訳

みすず書房

FANTASIA

by

Bruno Munari

First published by Gius. Laterza & Figli S.p.a., Roma-Bari, 1977
Copyright © Gius. Laterza & Figli S.p.a., Roma-Bari, 1977
Japanese translation rights arranged with
Gius. Laterza & Figli S.p.a., Roma-Bari
c/o Eulama Literary Agency, Roma

目次

創造力ってなに? 7

不変の要素 17

思考は考え,想像力は視る 19

ファンタジア　発明　創造力　想像力 21

知っているものの関係 29

冷たい炎　燃えたぎる氷 38

七つ頭の竜 49

泥よけ付きのサル 63

ブルーのパン 68

コルクのハンマー 71

広場にベッド 79

五線譜のランプシェード 83

リドリー二風に	86
ポップなマッチ	91
恐怖のモンスター	107
素晴らしき哉，重量挙げ選手	113
関係の中の関係	117
創造力を刺激する	121
ダイレクト・プロジェクション	129
知識を豊かに	148
クリエイティヴな遊び	154
サラダ菜のバラ	163
３次元の遊び	167
オリガミ	169

フォルムの分析	173
構造分野における組み合わせ可能なモデュール	177
書体	179
反復のヴァリエーション	189
15個の石	190
創造力とフォルム	196
架空の美術館	197
モノからモノが生まれる	205
訳者あとがき	218

軍隊のファンタジア,ロンドン
写真:マリオ・デ・ビアジ

ヘビにリンゴをあげたエヴァ。ファンタジアの実例？
それともついうっかりして？　いやいやそれとも……

創造力（クリエイティヴィティ）ってなに？

　ファンタジアについて研究するのは，不可能な企てだと多くの人は思うだろう。

　ファンタジアとは，ある人にとっては気まぐれなもの，不可思議なもの，変なものである。またある人にとっては現実のものではないという意味で虚構，欲求，霊感，妄想である。

　ある農民にとっては庶民的な踊りであり，またある農民にとっては幻覚，思いつき，奇想である。もしくは白昼夢，ファンタスマゴリー，インスピレーション，ひらめきだと思われているかもしれない。軍人にとっては普段行われる厳格な規則をもった訓練とは違う，時どき行われる訓練のことである。

　ファンタジアは，不規則なもの，でたらめ，でまかせでもある。

　さらにこれでも充分でないなら，発明はファンタジアなのか？　いや，ファンタジアが発明なのか？　ファンタジアとイマジネーションのつながりは？

　ウソはファンタジア？　発明？　それとも，イマジネーション？

　いやいや，イマジネーションがファンタジア？　ファンタジアでできたイメージなら音も出るだろうか？　音楽家は音のイメージや音のオブジェについてよく話している。おとぎ話や新種のモーター，新しいプラスチック材はどんなふうに発明されるのだろう？

　実のところ，このような人間の能力はすべて同時に働くので，さまざまな活動とそれに伴う作用を見分けるのは難しい。しかし，それぞれの能力に暫定的であっても何らかの定義を定める，つまり論理的に理解でき，人に伝えうる不変の要素を探りながら，これらの能力を分析することはできないだろうか。もしできたとしたら，人間のもつ可能性をうまく利用できるよう手助けし，ひろく一般に伝えることができるかもしれない。

　わたしはこれらの能力をつねに使いながら，仕事をしてきた。その経験に基づいて，この研究に立ち向かいたいと思う。

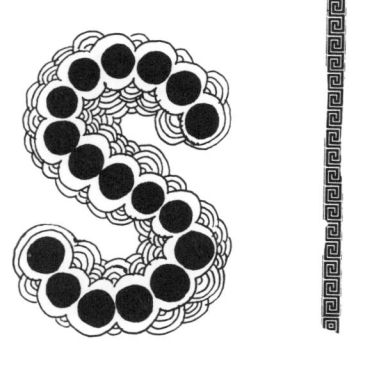 

ファンタジア：これまでに存在しないものすべて。実現不可能でもいい。

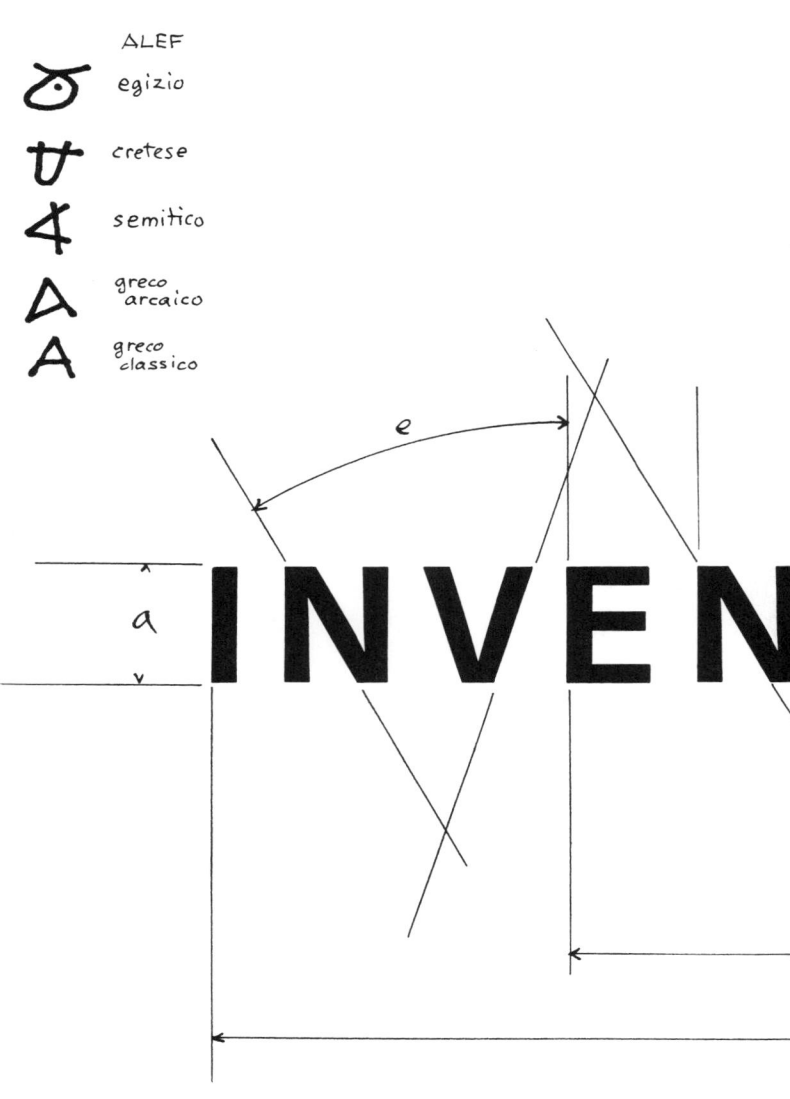

ALEF
egizio
cretese
semitico
greco arcaico
greco classico

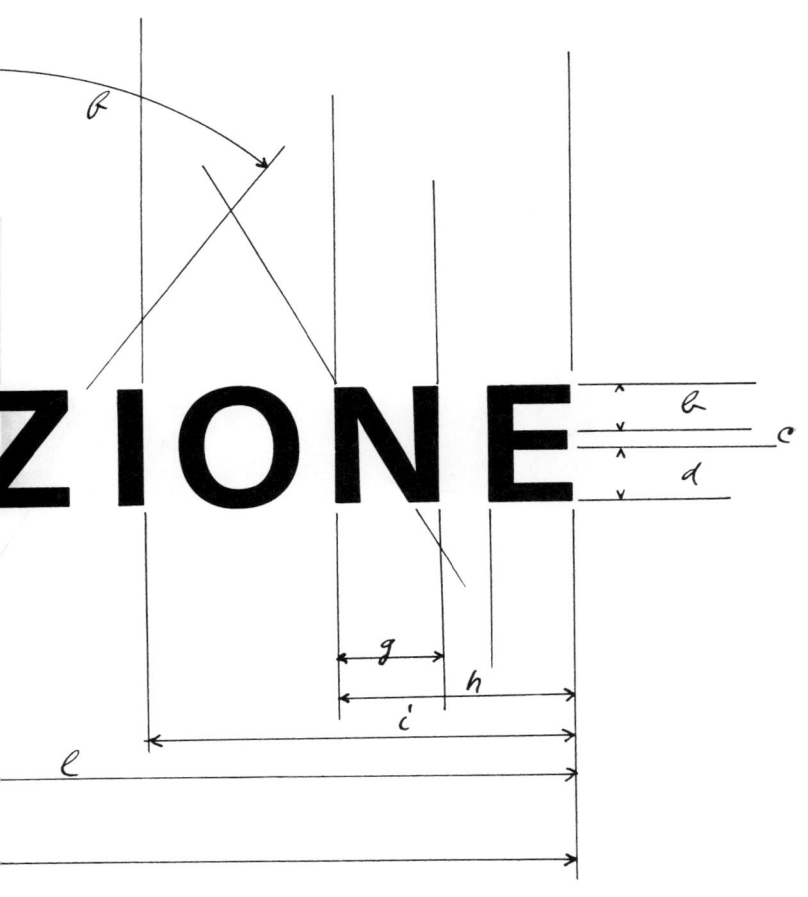

発明：これまでに存在しないものすべて。ただし，きわめて実用的で美的問題は含まない。

CREAT

創造力：これまでに存在しないものすべて。ただし，本質的且つ世界共通の方法で実現可能なもの。

想像力：ファンタジア．発明，創造力は考えるもの。想像力は視るもの。

大衆的ファンタジアの一例：風にそよぐ魚と鳥

不変の要素

　いろいろな色で「COLORIFICIO（コロリフィーチョ）」と書かれた絵具屋の看板を見たことがない人はいるだろうか？　絵具屋の看板の文字は、虹のようなグラデーションだったり、一文字ずつ違った色で書かれていたりする。店の看板なら一色で充分なはずなのに、虹色にしたり、パレットや色見本の全色を使ったりするのである。おそらく、絵具屋の看板はイタリアでもインドでも、中国、メキシコ、世界のどこでも、この方法でうまくゆくだろう。なぜなら、絵具屋を探すときに頭に思い浮かぶのはまさにこのイメージであり、本当は「コロリフィーチョ」という言葉すら必要ないのかもしれない。

　ここでこんな例をあげたのは、次の質問をするためである。なぜさまざまな国の多くの人は、絵具屋の看板を作るとき、多くの色を使おうとするのだろう？　ある人はいろんな色で「コロリフィーチョ」と書き、またある人はいろんな色で自分の名を店名にして書き、またある人は背景はいろんな色で、文字は白か黒で書くかもしれない。いずれにしても、絵具屋の看板をどのように作るかという問題には、ある不変の要素が残る。つまりこれは、大部分の人が同じような方法で考える傾向にあることを示している。

　この発想は、世界共通に理解されるものだと思われるかもしれない。確かにそうである。もしかすると、言葉と色を結びつけて看板を作るなんて、なかなかいいアイデアを思いついたと思われるかもしれない。いや、実際筋の通ったアイデアである。多くの絵具屋がこのような看板にしていることは事実である。なぜならこのアイデアは、大衆に向けたメッセージと製品との単純な関係から生まれているからである。これは一貫性の問題である。実際、自転車屋は自転車の車輪を、タイヤ屋はタイヤを、眼鏡屋は巨大な眼鏡を看板に掲げている。

　看板の問題において、どの解決案にするかを決めるメカニズムは同一である。そこには不変の要素がある。ならばファンタジア、発明、

創造力における不変の要素についても研究できないだろうか？　一つのアイデアがどのように「誕生する」かを解明できないだろうか？

本書では，この現象について，わたしの考える基本的な不変の要素や，もっとも単純な例をリストアップし，分析することを試みた。ファンタジア，発明，創造力がどのように働くかを知るにつけ，問題は尽きないと承知している。しかし，手始めにある種の調査を行うことはできると思う。この調査はより広い研究の道を切り開くことができるだろうし，さらにいうなら，クリエイティヴであるにはどうすればいいかを説明することもできるだろう。

アーティスティックな世界，クリエイティヴな世界，ファンタジアの世界は常日頃より秘密につつまれており，どのように一つのアイデアが生まれ，どのように一つの芸術作品ができあがるかは明かされるべきではない（周知の場合を除いては）とされてきた。一般の人々には完成品だけを見せておけばいい，驚かせておけばいいというふうに。アヴァンギャルドとして活動する，現代の多くのロマン主義的アーティストは次のように言う。一般人はこういった問題に介入しなくてよい，芸術とは説明できない神秘であり，決して解き明かされてはならない，さもないと芸術は失墜する，と。

しかしわたしはそうは思わない。誰しもこうした事について理解したいのではないかと考えるので，説明の準備にとりかかっている。これは小さな始まりに過ぎず，わたしより専門的な知識をもつ人が，この人々の関心を引いてやまない現象のメカニズムについて説明し続けていくことを期待している。なぜならこの知識は創造力を，つまり人格をおおいに発達させるにちがいないのだから。

この種の調査を始めるには，認識力から記憶力にいたるまで，すべての経過を遡らねばならない。よって，少なくともどのように知能が個人の外部世界（内部世界も同様）に働きかけるかを知っておく必要がある。その上で他の働きについても分析を試みる。

思考は考え，想像力は視る

　個人にとっての外部世界は，論理的に操作され制御された知性によって探索され，それにより周囲にある事物や現象を理解できる。

　視覚，聴覚，触覚などのすべての感覚受容体は同時に働き，知能は起きていることを把握するためにすべての感覚の調和をとろうとする。受け取られたものは，その後主として3つの記憶の領域に定着する。この3つとは，短期記憶の領域，長期記憶の領域，遺伝的記憶の領域のことである。短期記憶では，ある瞬間に有効でもその後では役に立たなくなる事柄を記憶する。例えば，明日8時に駅に行かねばならないとしよう。思考は列車に乗る瞬間まで記憶しているが，その後にはすっかり忘れる。第二の記憶では，よりよく生活したり，何かをしたり，コミュニケーションをとったり，計画を立てたりするのに役立つすべての知識，つまり現在役に立ち，その後もずっと役立つすべての事柄を保持する。遺伝的記憶の領域では，個から個へ，親から子へと伝達されるすべての情報が蓄積される。記憶の補遺となるのは百科事典やリスト，アーカイヴ等，記憶の助けとなるのは図形，ダイヤグラム，レイアウト等である。

　子供の記憶には情報がほとんどないが，大人の記憶にはたくさんある。

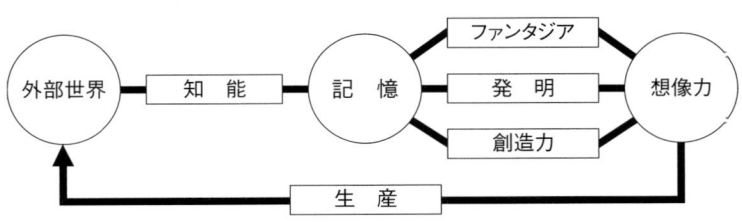

知能のはたらき

自然界のトゲ（視覚的観察）
トゲは先端の部分で刺す（触覚的観察）
先の尖ったものはすべて刺す（推測，実証）
先の尖ったものは傷つける（データの解析）
先の尖った武器（発明）: 傷つけるために使われる先端

ファンタジア　発明　創造力　想像力

　ファンタジアとは何よりも自由な能力であり、考えついたそのことがほんとうに実現できるだろうか、または機能面はどうだろうかといったことにとらわれなくていい。どんなことでも自由に考えていいのである。最高にバカげたことだろうが、絶対に信じられないことだろうが、どんなに不可能なことだろうが、それでいいのだ。

　発明はファンタジアと同じ技術、つまり認識している事柄同士がもつ関係を利用するのだが、ファンタジアとはちがって、最終的にこの関係を実用性へと向かわせる。発明されるのは、新しいモーター、化学式、素材、道具等である。しかし発明者は、自分の発明の美的側面についてあれこれ考え込まない。彼にとって重要なのは、発明したモノが実際に動き、何かの役に立つことである。時には発明者も美的側面が気になるようで、その一例にミラノの科学技術博物館に展示されている有名な新古典主義様式の蒸気機関がある。あれなどはずいぶん無意味な心遣いの有様をみせており、加えて今日では誤りとされる方法で芸術と技術をごちゃまぜにしている。その他芸術家によって「装飾」された発明品の例としては、リバティの初期のミシンなどがそうだろう。そう、金や真珠で装飾されたあれだ。

　おそらく発明と発見については、ここで少し触れておく必要がある

だろう。発明とはこれまで存在しない何かを考えつくことであり、発見とはこれまで存在していても認識されていなかった何かを見出すことである。この例として次のように言うことができる。「ガリレオは望遠鏡を発明し、その望遠鏡によって木星には衛星があることを発見した」と。

　創造力とは、発明と同様ファンタジアを、いやむしろファンタジアと発明の両方を多角的な方法で活用するものである。デザインは企画設計をする手段であり、創造力はデザインの分野で活用される。デザインはファンタジアのごとく自由で、発明のごとく精密であるにも関わらず、ひとつの問題のあらゆる側面をも内包する手段である。つまりファンタジアのイメージ部分、発明の機能部分だけではなく、心理的、社会的、経済的、人間的側面をも含みもつものなのである。デザインとは、オブジェ、シンボル、環境、新しい教育法、人々に共通の要求を解決するためのプロジェクト・メソッド等々を企画設計することだと言ってもいいだろう。

　想像力とは視覚化の手段であり、ファンタジア、発明、創造力によって考えだされたことを目に見えるようにする手段である。想像力に乏しい人もいるし、とても豊かで必要に応じてすぐに使える人もいるし、思考のはるか彼方へといってしまう人もいる。
　なかには想像力を欠いた人もいる。その証拠にこういった人のためにファンタジア、創造力、発明によって考えだされたものを視覚化するプロがいる。どんな広告会社にもヴィジュアライザーやらデザイナーやらがおり、顧客が理解しやすいようにスケッチ画や模型を作る役割を担っている。それから設計家が考案したオブジェの模型や、橋や家といった大型建造物の模型を、実寸大や縮尺大で製作するモデラーとよばれる人がいる。あまり想像力豊かではない彼らも、模型を作ることで設計家の思考、つまりファンタジア、発明、創造力からの産物を垣間みることができる。想像力の代わりとなる手段は、デッサン、絵画、彫刻、模型、映画、キネティック・アートなどである。

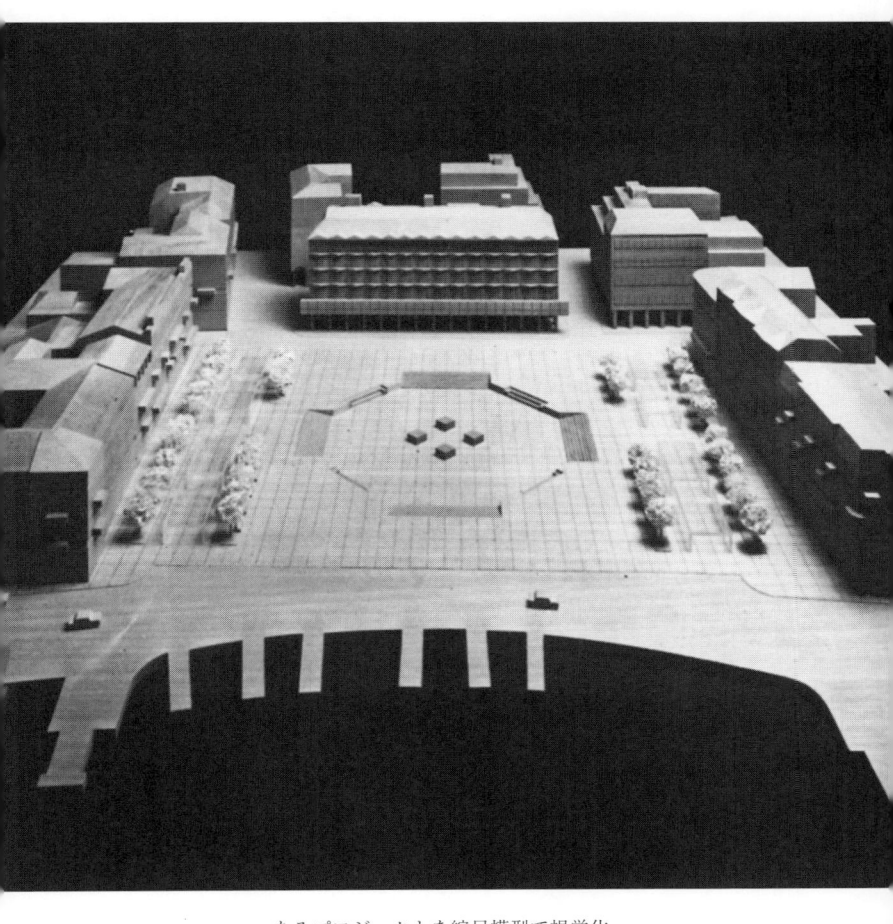

あるプロジェクトを縮尺模型で視覚化。
このプロジェクトはコモ市のカヴール広場を整備するにあたり，ブルーノ・ムナーリとそのもとに集まったデザイナー・グループにより考案された。1975年。
縮尺模型は1：200，ナチュラル材。マウロ・マウリによる

写実主義,印象主義,未来主義,シュルレアリスム,キュビスムについて,イメージ写真を用いて説明した。ブリキの消防車という同一の主題をさまざまに撮影する。そうすると,当時さまざまに出現したスタイル(様式)の原理について,視覚的に説明できる。

写実主義は対象をあるがままに見る。印象主義は対象を不完全なものとして見て，完全形は観る者へと委ねる。未来主義は対象の動きを見る。シュルレアリスムは奇妙な組み合わせによって対象を見る。キュビスムは対象を分割し，それをひとつの面に並べ，すべての部分を一度に見る。

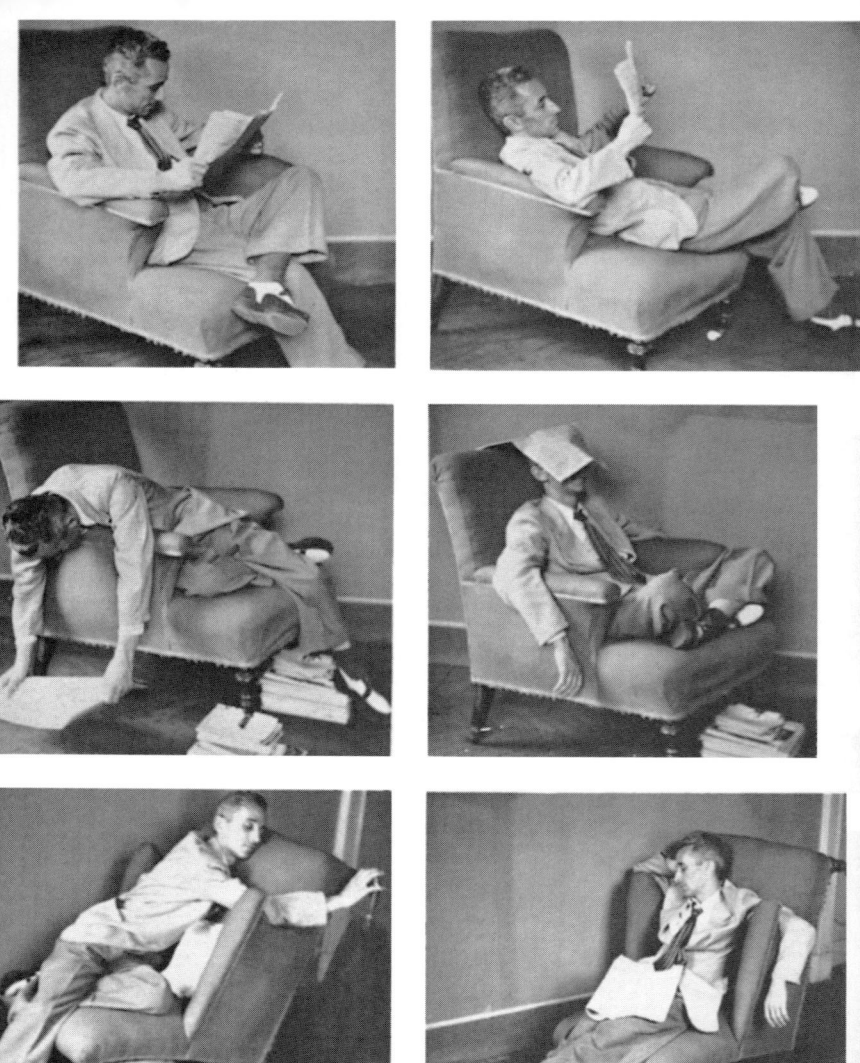

座りにくいソファに楽に座るという研究となるように，イメージを一連なりで視覚化。

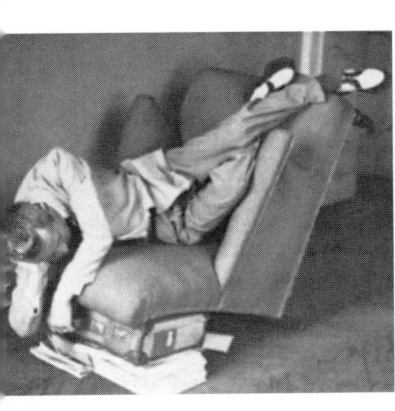

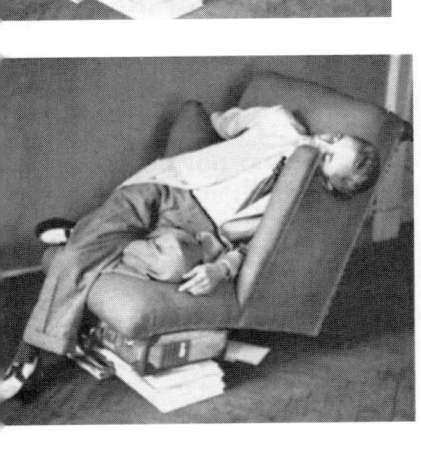

ファンタジア，発明，創造力がこれまで存在しなかった何かを生み出すのに対し，想像力はすでに存在していても今この瞬間にここにないものをイメージする力である。想像力から生まれたものが必ずしもクリエイティヴであるとはかぎらない。もちろん，想像力ではファンタジアの思いつきを視覚化できない場合もある。一つ例をあげよう。木製のバイクを想像してみてほしい。これは想像できる。ではガラス製のバイクは？　これも大丈夫，想像可能だ。そうそう，スケルトンのバイクだ（まるで器官丸見えの人体モデルみたいでしょ）。ところが素材を固形から液状に変えてみたらどうなるだろう。液状のバイクを想い描いてみて……。これはどんなに想像力を働かせようとも視覚化できない。どれほど多くの人が月を見て人間の顔を連想するか，考えてみてほしい。なぜいつも人の顔なのか？　なぜクジャクでも，フンコロガシでもないのか？　なぜなら，その人はフンコロガシを一度も見たことがなく，記憶にないので，それと認識できないからである。一方，人間の顔とは，人がこの世に誕生して最初に見るものである。つまり一番初めに記憶され，誰もが記憶しているイメージであり，したがって月が人間の顔に見えるというのは，きわめて単純な関係にすぎないのである。壁のシミ，床の大理石の破片，岩，雲，われわれはこういったものに何を見てとるだろう？　顔の場合が多いのではないだろうか。中にはラクダに変身するクジラを見る人もいるようだ。

　　ハムレット：あの雲を見てみよ，ラクダのようではないか？
　　ポローニアス：よく見るとラクダのようですな。
　　ハムレット：なんだかイタチのようにも見えるな。
　　ポローニアス：ふむ，あれはイタチの背中のようでありますな。
　　ハムレット：いや，クジラかな？
　　ポローニアス：いやはや，たしかにクジラのようで。

知っているものの関係

　ファンタジアの産物は，想像力，発明のそれと同様，考えたことと知っているものとの関係から生まれる（どんな種類の関係かは後々みる）。当然ながら知らないものと知らないものとでは関係を築くことはできないし，知っているものと知らないものとでも関係は築けない。例えばガラス板とpfzwsでは関係を築くことはできない。しかし，ガラス板とゴムシートならどうだろう，これなら関係を築くことができるのではないだろうか。もちろんこれは，その人がガラスもゴムも知っていると仮定しての話だが。この関係からどんなものが連想できるだろうか。しなやかなガラス，あるいはスケルトンのゴムなんかを思いつくかもしれない。現実にゴムのように伸び縮みするガラスはないだろうから，これこそがファンタジア的思考となる。これをうけて，想像力が始動する。さあ，わたしにはだんだんしなやかなガラスが視えてくる……引っ張ったらどうなる？　何も起きない。澄み切った水のような層をしているのだろうか？　想像力はイメージし，視ようとし始める。創造力は適切な使い方について考え，発明は製造するための化学式を考える。

　つまり，ファンタジアの豊かさは，その人の築いた関係に比例する。その人がきわめて限定的な文化の中にいるなら，壮大なファンタジアはもてず，いまある手段，すでに知っている手段を常に利用せざるをえない。知っていることが少なくても，毛ではなく葉に覆われた羊を想像できるかもしれない。これは，喩えるという観点からすればかなりのものである。しかし，他のものと別の関係を築くことを続けていくとなると，ある地点で行きどまらざるをえないだろう。

子供は壮大なファンタジアの持ち主だと多くの人が信じている。なぜなら，現実的でないものを子供のイタズラ書きや話す内容から感じ取るからだ。あるいは，大人は，自分がずいぶん条件づけられて行き場のない状態にあるから，もう子供と同じようには発想できないと感じ，子供の壮大なファンタジアを信じ込んでいるのかもしれない。しかし実際には，子供もきわめて単純な操作をしているに過ぎない。つまり，子供はよく知らないものに知っているものを投影しているのだ。食べる，泣く，眠る，母さんと話す，うんちをする，歩く，そして眠る，これが子供のすること。世界を知らない子供にとってはどんなことも自分と同等となる。例えば，大きなボールは小さなボールのお母さん。ボールが汚いな，今うんちをしたんだね。ボールは寒いかな，ぼくは寒いよ……とこんなふうに。これはファンタジアではなく，自分の知っている世界の投影でしかない。

　もし子供を創造力にあふれ，息の詰まったファンタジア（多くの大人たちのような）ではなく，のびのびとしたファンタジアに恵まれた人間に育てたいなら，可能なかぎり多くのデータを子供に記憶させるべきだ。記憶したデータが多ければその分より多くの関係を築くことができ，問題につきあたってもそのデータをもとに毎回解決を導きだすことができる。

　サルもファンタジアの操作をしている。例えば非常に高い場所にバナナが置いてあるとする。サルはバナナにたどり着かねばならない。さてどうするか。そこには木箱がある。以前遊んだことのある木箱だ。そこで高さの関係を築く。木箱の高さと自分の身長（バナナには手が届かないと理解している）を合計する。木箱にのり，ジャンプ。そしてバナナ獲得。ファンタジアのない人間だったら，餓死していたかもしれない。

　　　　　ある問題についての子供たちの具体的な認知能力を把握するために，イタリアとスイスのティチノ州の小学校で実験が行われた。

5歳から13歳まで約600人の子供に，人体をスケッチし，文章の説明もつけるようにと問うた。主要な身体組織の中でもっとも多く描かれたのは心臓と脳，系統器官では血液循環器だった。あまり描かれない，または描かれるまでに時間を要したのは骸骨で，消化器系統はいくつかの管によって表現された。この管は，口と下方に描かれた開口部を結んでおり，開口部は出口として考えられている。つまり，子供は何かを食べると，その後，身体からゴミが排泄されることを認識しているのである。肺は多くの場合，気まぐれに置かれ，骨は身体のあちこちに散らばって置かれた。宗教学校へ通う少年少女の中には，自分の身体の中に小さな天使や悪魔を描く子もいた。

この実験は，ジュネーヴ大学の心理学者グループとイタリアとスイスの教師（アルベルト・ムナーリ，ジュイジ・フィリッピーニ，マウロ・レガッツォーニ，アン゠シルヴィ・ヴィスー）によって行われた。

io non lo so che cosa c'è nel corpo umano

（わたしは人の体の中になにがあるのかわかりません）

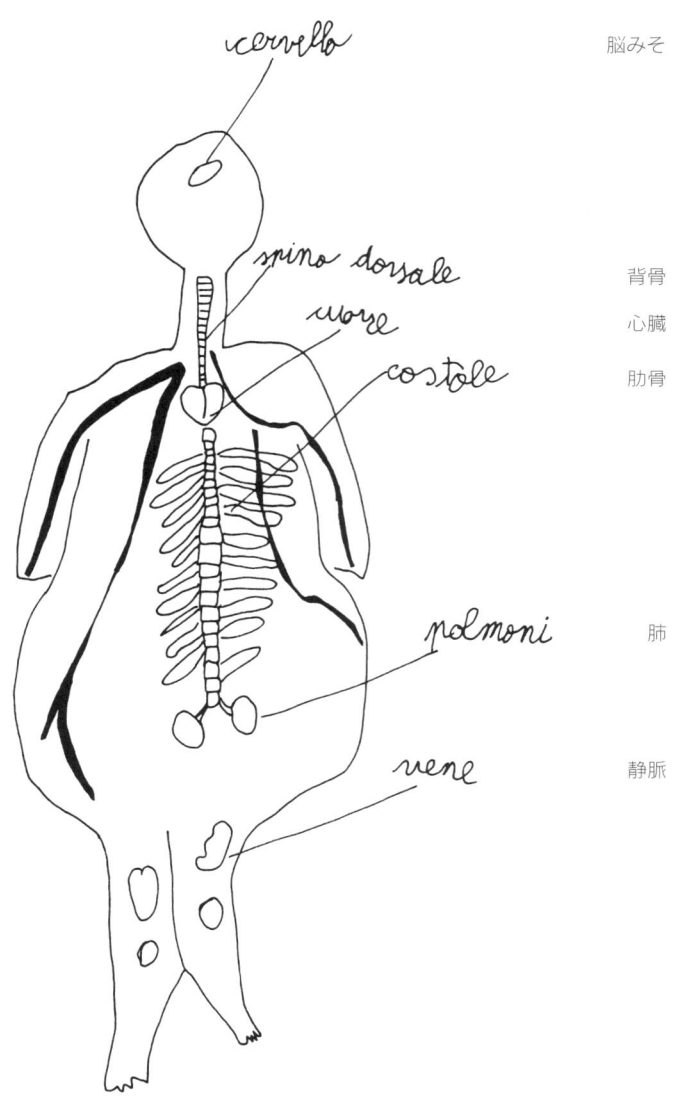

ファンタジアとは，これまでになかった新しいことを考えださせる人間の能力である。ファンタジアは，まったく架空のもの，新しいもの，これまでになかったものを自由に考えていい。その考えが本当に新しいかどうか確認せねば，なんて心配しなくていい。それはファンタジアの領分ではない。

　もし本当に新しいことなのかどうか確かめたいなら，理性を介入させる必要がある。ファンタジアの考えついたことが，実はもう前例のあることなのか，本当に新しいことなのか，これを確認するためにデータ収集を始めねばならない。ファンタジアに恵まれた人とは，絶対的に新しいことを考えだす人ではなく，その人にとって新しいことを考えだす人のことだ。その考えが本当に新しいかどうかは，当人にしてみればどちらでもいいことかもしれない。彼にとっては，新しいことを思いつくこと自体が楽しいのだから，それだけで満足なのかもしれないのだ。

　1976年において，抽象主義を目下の最新の関心事ととらえている画家たち（彼らは長年，具象絵画を描き続けている）がいるとする。彼らは自分たちがかつての画家の経験を繰り返していることに気づかず，この新しい方法で制作を始める。そしていざ作品を展示する段になって，今さら抽象芸術なんてどこが新しいの，と言われるのを耳にする。この芸術家たちは直感で感じた新しさが，果たして自分たちだけにとってなのか，あるいは絶対的に新しいものなのか，確認せずに実行に移してしまったのである（多くの場合にあてはまる例だ）。

　つまり，新しさには2種類ある。個人にとっての新しさと，絶対的な新しさである。その人がここ50年のあらゆる芸術運動について無知ならば，抽象主義は彼にとって新しいものとなる。しかし，常に新しい文化を取り入れてきた人にとってはそうはならない。なぜならこの人は，抽象主義の誕生の日付もその発展も知っているのだから。

　そこで，ファンタジアについては次のように述べることができそうだ。ファンタジアとは，どんな種類の新しさでも自由に考えだしてい

い。しかし、この新しさを公表する場合にかぎり、それがみんなにとって新しいのか、それとも彼個人にとってだけなのかを見極める確認作業が必要となる。

発明の場合は、実際に証明書というものが存在する。そのため証明書が発行される前に確認作業は行われる。

ファンタジア、創造力、発明がどのように機能するかを解明するためには、記憶の中でどのように認知したデータを操作し、関係づけているのか調べる必要がある。

ファンタジアのもっとも基本的な活動としてはまず、ある状況を転覆させることであり、反対にしたり、対立させたりして考えることである。ちょうど"あべこべの世界"といわれているように。

第二のケースとして考えられるのは、内容を変えずにある事柄を反復すること。一ではなく多にする。この場合、すべて同質のものかヴァリエーションで行う。

次に、視覚的あるいは機能的に類似するもの同士の関係がある。例えば、テーブルの脚＝動物の肢。

それから、交換または代用という定義のもと一括りにできる一群の関係がある。例えば、色彩、重量、素材、場所、機能、大きさ、動き等の交換。

また、いくつかの異なるものを関係づけながら、ある一つのものを作るということがある。これは視覚芸術、デッサン、絵画、彫刻、映画において表現される。例えばモンスターなど。

最後に、関係の中の関係がある。例えば、あるものを逆転させ、素

材や色彩を交換し，本来の場所でないところに置く，などというように。

　以上に挙げたのは，場合と関係の初歩的なリストである。これはさまざまな場面での規則，不変の要素，有効なデータを定められるかどうか検討しようと作成したリストなので，これから完成させねばならない。ファンタジアの発達にとって基本的な問題は，要するに知識を増やすことであって，より多くの情報があればその分だけ多くの関係を築くことができる。だからといって自動的に，教養豊かな人間はファンタジアも豊かである，ということにはならない。それは絶対にちがう。膨大なデータを記憶し，傍からみればたいそう立派なインテリ然とした人もいるが，それは単に記憶力の問題である。知っていることからさまざまな関係を作りもせず，ファンタジアを活用しないなら，その人はずっと不要なデータの素晴らしいデパートメントのままである。これは，どんな詩作にも充分なほどあらゆる言葉を載せていながら，たった一つの詩も載せていない辞典のようなもの。つまりは使えない道具，ということになる。

　より多くの知識を獲得すること，たくさんの情報を記憶すること，これは当然ながら幼年期に，しかも遊びを通してなされるといい。最近では，世界の多くのデザイナーが知育玩具を発案したり，創造力やファンタジアを刺激するような道具の制作に関わっている。これらの新しい道具で遊んでいると，さまざまな場合にファンタジアを介在させ，参加させ，活動させるようになる。例えば，単純な問題を解決しようとする場合，さまざまな種類の異なる動きを視覚化させる場合，モジュール化された部品で3次元の空間になにかを組み立てる場合など。このようなモジュール（基準寸法）を使った玩具，例えばレゴのようなもので遊ぶ子供は，建築物がどのように組み立てられているかという問題について，ボールだけで遊んだ子供よりずっと簡単に理解できるだろう。
　個性は人生の初期段階に形成され，後の人生にそのままとどまる。

一連なりのイメージを知ることは、変化を理解することにつながる。
洋梨は単に洋梨なのではなく、木、花、果実を経過した種から種へ変化する、ある瞬間でもあるのだ。
子供たちに変化について考える習慣をもたせれば、よりしなやかで豊かなメンタリティーの形成をうながすことにもなる。こうした目的でデザイナーが発案した教育玩具。3歳から7、8歳向き。
写真：ジャックリーン・ヴォドス

その人が将来クリエイティヴな人間になるか，あるいは単なる記号の反復者になるかは教育者にかかっている。自由に生きるのか，それとも条件づけられて生きるのかは人生の初期段階をどのように過ごしたか，そこで何を経験し，どんな情報を記憶したか，ということにかかっているのである。大人たちは未来の人間社会がかかっているこの大きな責任に気づくべきではないだろうか。

　大衆文化とは，ファンタジア，創造力，発明を繰り返し表明するものである。この文化についての客観的価値は，技術面でも，芸術面でも，伝統とよばれるものに蓄積される。そしてこれらの価値は，次から次に新たなファンタジア及び創造力の活動によって判定され，これまでの価値を上回ったということになれば取って代わられる。こうして伝統は，人々にとって有益な客観的価値が絶え間なく変化したものの総体となる。一つの価値をファンタジアも用いずに型どおり繰り返しても伝統を継承することにはならず，かえって伝統を停止させ，死に至らしめることになる。伝統はある集合体の客観的価値の総体なのだから，その力を弱体化させたくないなら，常に集合体に新しいものを取り込むべきではないだろうか。

　自然の中ではたくさんの不思議なものに出会う。例えば，カロリーナおばさんによく似たジャガイモ，空飛ぶ魚，ハート型の石ころ，人間の形をしたラディッシュ，口のある花，双頭の牛……。

　人はこれを自然界のファンタジアだという。しかし，これは明らかにファンタジアが刺激され偶然そう見えただけで，すでに存在しているものをファンタジアと呼ぶことはできない。

　そこでこれから，先程リストに挙げた各々の場合を，例を参照しながら分析していくことにしよう。

冷たい炎　※のきらにを巣

　もっとも初歩的なファンタジアは、おそらくある状況を逆転させたり、相反するもの、正反対のもの、補足的なものを利用したりすることから生まれる。例えば、彼が緑なら私は赤、というふうに。ある古い有名な版画に《あべこべの世界》と題されたものがある。大衆向けのこの版画では、馬が人間に馬乗りになっていたり、雲の上に風景があったり、羊が檻に入れられた人間を監視していたりとなかなか面白い。子供に砂糖が苦いといえば大笑いし、閃光のごとく足の速いカメの話をすれば大喜びする。

　人間は三千年もの昔から、相反するものを一対にして記憶してきた。善と悪、光と闇、温かさと冷たさ等々。中国人はわれわれに、古代より伝承されてきた太極図という有名なシンボルを伝えてくれる。これは円盤の形をした一つの結合体で、白と黒、上昇と下降というように同質の要素と対立の要素から成り立っている。これら4つの要素は生における不安定な均衡を示している。つまり、時の流れの中で現われる不均衡を少しずつ調整し、保たれるべき均衡の図を表現しているのである。緑に囲まれて生活している農民は、家の色には本能的に（多くの人がそうする）赤いペンキを選ぶ。ある人は都会の喧噪から逃げだし、自然に囲まれた静かな場所で自己のバランスを探し求める。毎日数字と睨めっこしながら仕事をしている人は、絵画の中に自己のバランスを見出す。このように、均衡を保つ要素とは、まさしく不均衡を引き起こすような、正反対の事柄なのである。したがって、人があることについて考える時、同時にその反対についても考えるというのは当然の話であり、自然の流れなのだ。でぶのコメディアンがヤセの相方と一緒に登場すれば可笑しいと誰もが知っている。ぶくぶくのでぶとガリガリのヤセなら、なおのこと可笑しい。でぶはちび助でヤセがノッポなら、面白いことをしなくたって笑いがとれる。つまり単純なことで状況を複雑にできるのである。でぶのちび助を赤色に、ヤセ

ルネ・マグリット《光の帝国》1954年
一つの風景に昼と夜が同居している

のノッポを緑色にしたら、この相反関係に基づいて補強された効果は前面に現われるだろう。もっと大袈裟にしたいなら、ヤセのノッポの緑色には野太い声色を、相方にはか細い声色を与えればいい。つまり、この相反する事柄の均衡という問題をよく考えてみれば、アラブ人がなぜきわめて装飾的な場を作り出すのかが容易に理解できる。アラブ人は砂漠のそばで生活している。砂漠は果てしなく広大で、形のない空間なので、視線を留めるための場所がない。だからこそ視線を長時間めぐらせることができるようにと、イメージを密集させた装飾的な場を作り上げたのである。そこではじつにさまざまな色で細密に彩色された花模様、幾何学模様、幾何学的構造が、地上、壁、天井といった周囲全体を満たしているのである。

　相反する事柄が同一の均衡にある例として、もう一つ、エジプトのピラミッドを例に取ろう。ピラミッドは、無限で未知の空間と向かい合う有限で合理的な一つの空間の、偉大なる現前と考えられている。その幾何学的フォルムは、未知で可変的なものに相対しており、合理的で人間的な思想を暗示している。

　近年の例でいえば、フランク・ロイド・ライトのあの有名な滝の上の家*が挙げられるだろう。スタティックで幾何学的なフォルムが、水という有機的でダイナミックなフォルムとともに知覚できる。

　より最近の例では、マルセル・デュシャンが小便器を泉として表現した。この物体は日頃より液体のジェット噴射を受けてきた。そこで今度はお返しに、噴水となったわけだ。

*「落水邸」（エドガー・J・カウフマン邸）

マルセル・デュシャンのレディーメイド《泉》1917年
噴水として展示された小便器

広大で果てしない砂漠
写真：マリオ・デ・ビアジ

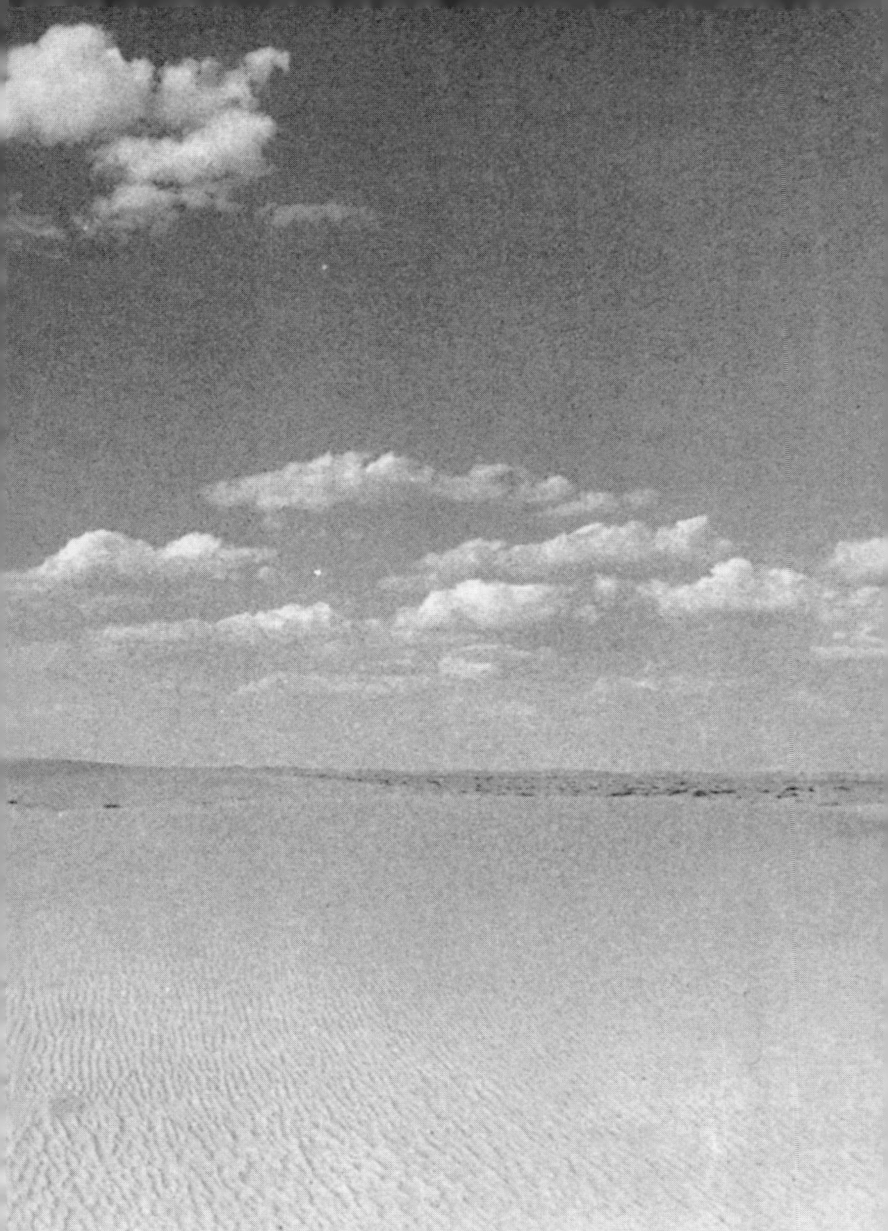

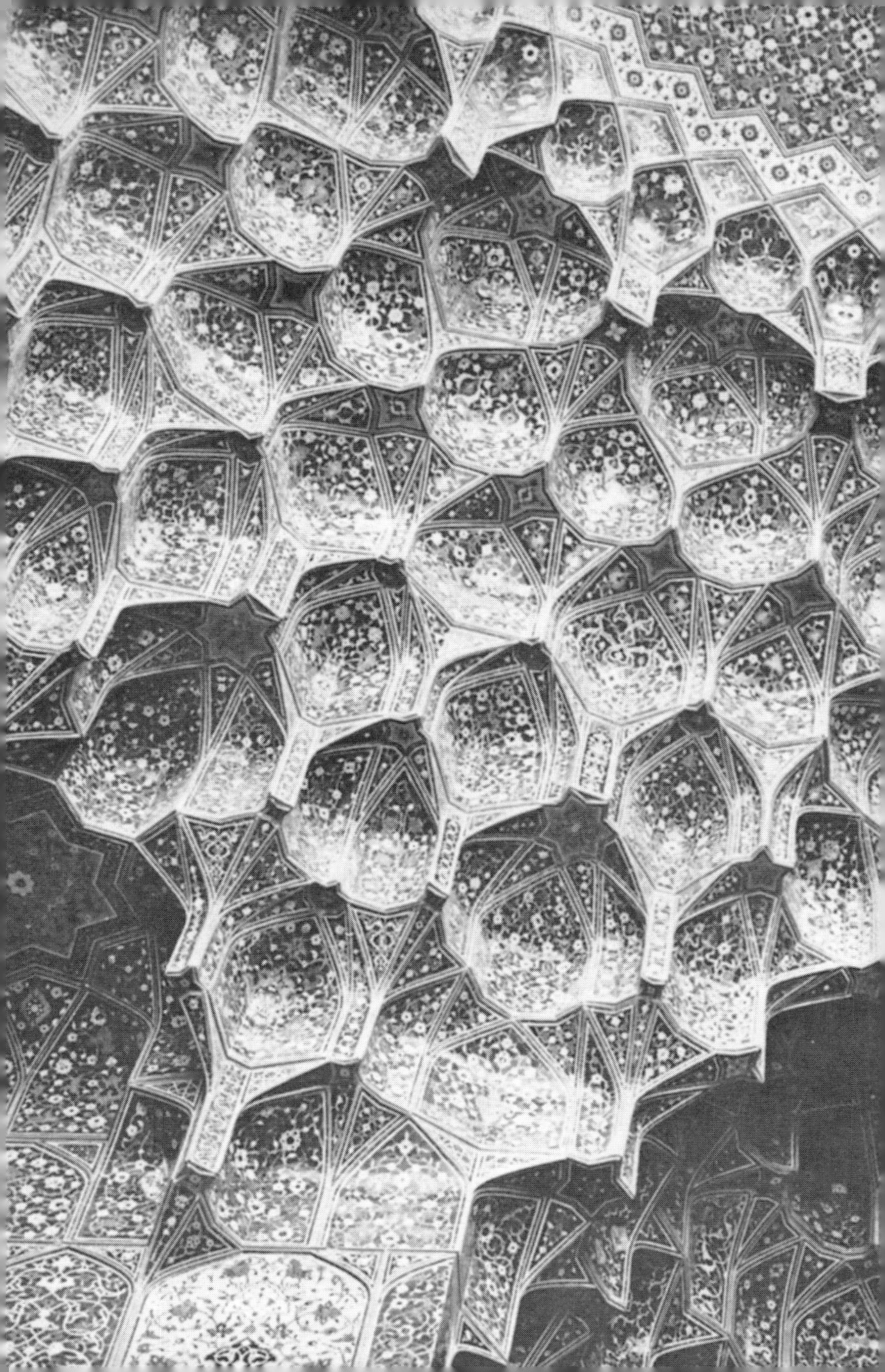

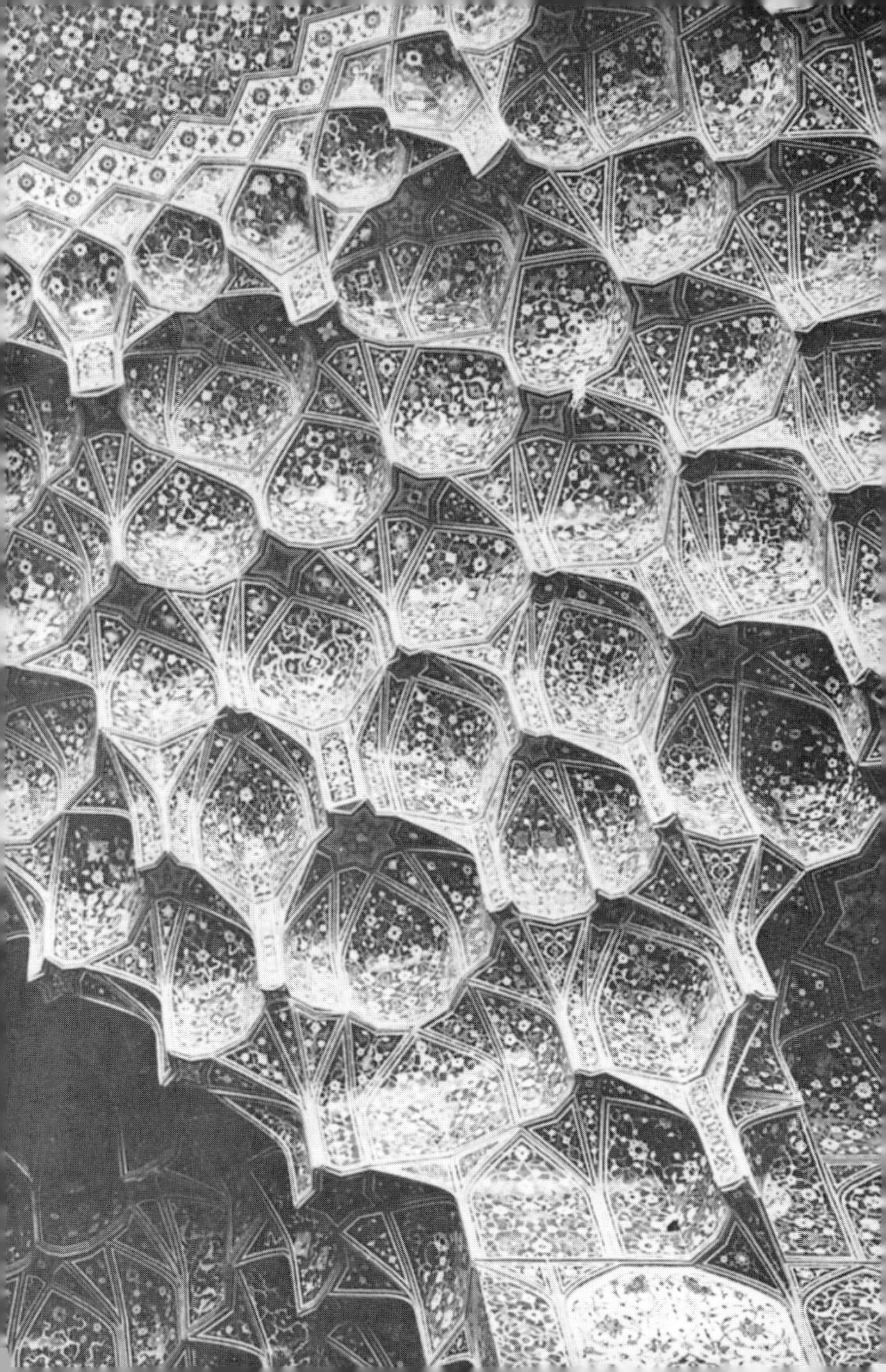

私自身，1933年制作のキネティック・オブジェに《役に立たない機械》と名付け，相反するものを組み合わせるという規則に従った。その後には何冊かの『読めない本』を考案し，その中で言葉にとらわれないヴィジュアル・コミュニケーションの可能性や，編集の技術の可能性を探った。『読めない本』と定義づけたのは言葉のない本だからだが，とはいっても読者の視覚には，普段の本とおなじように，連続する色彩，フォルム，素材を通して視覚的出来事を追いながら読み進むことができるようになっている。これらの本では色や厚さなどいろいろな種類の紙を使用し，ページには穴を開けた。穴は1ページだけだったり，数ページに渡っていたりするので，ページを繰りながら視覚的状況が変化するようになっている。また別の本では，1ページを2色の紙で作り，1色ごとにページを繰れるよう切り込みを入れた。そうすることで，いつも異なる2色の組み合わせができるようになっている。1949年には，設計用紙を用いた半透明のページに，ある点からある点までを赤い木綿糸で曲線を描くようにミシンをかけた本を考案した。ページを繰るごとに糸の曲線も変化するこの本は，1967年にニューヨーク近代美術館から出版された。1953年には，赤い紙と白い紙を交互に綴じ，いろいろに切り込みを入れた本をオランダのSteendrukkerij de Jong & Co社から出版した。

　　　　古代より東洋人は，人間の身体とは自然界のほんの一部分であり，
　　　　絶えず自然の影響下で生を営んでいると認識してきた。自然界には，
　　　　ある秩序，不断の流れの原理が存在する。それはわれわれの人間界が，
　　　　永劫の変化の中にあるという本質的な原理と一致している。
　　　　——ノボル・ムラモト

《あべこべの世界》スペインの大衆版画

フルヴィオ・ビアンコーニのスケッチ
With the kind concession of Dimitri Fulvio Georgiades Bianconi

七つ頭の竜

　もう一つのファンタジアの基本的な側面は、ある総体の部位をなんの変更も加えず増殖させるときに現われる。七つ頭の竜はおそらくもっともよく知られた例だろう。インドの神の多くは、たくさんの腕、たくさんの目、たくさんの頭をもっている。最近、心理学者エドワード・デ・ボノが幼年期のファンタジアを調べる実験を行った。これは『問題に向き合う子供たち』というタイトルでガルザンティ社から出版されている。デ・ボノは子供たちにいくつかの問題を出し、スケッチと言葉を使って解決案を出すように促した。さまざまな問いの一つに、「人体をより良くせよ」というのがある。子供たちはどのような解決案を出してもいい。子供にとって、人体をより良くするとは、普通の人体ではできないことをできるように修正するという意味である。もっとも多い回答例は、身体の部位を増殖させるというものだった。ある9歳の女の子は、6本の腕をもつ自画像を描き、次のような文章を付けた。「わたしは腕がもう2組ほしいです。そうすればもっと早くものを使えるし、もっとうまく触れるようになります。前に2本、脇に2本ほしいです。それから両方の手に、もう5本ずつ指がほしいです」

　ある総体の要素及び部位を増殖させるというこのタイプでは、増殖させる要素が初めからもつ機能は変化しない。したがって、たくさんの目玉でも必ず視るためのものであり、たくさんの手でも必ず物を取るため触るためのものである。この初歩的なファンタジアの側面では、大きさのヴァリエーションすらないことが多い。つまり増殖させる要素が均一になる場合が多いのである。一方、増殖させる要素の大きさにヴァリエーションがある例としては、あの有名なロシア人形、マトリョーシカを思い浮かべてほしい。きれいに削られ、彩色された木製の人形は、一つの人形の中にもう一つ人形が入っており、段階的にその大きさが小さくなっていく。同じようなものに中国の箱がある。これはロシア人形のように一つの箱にもう一つ箱が入った箱である。こ

の場合，ファンタジアは驚きというまた別の要素を活用したことになる。なぜなら，ある物体を見ただけでは中に同じものが入っているのか，そしてあと何個入っているのか，ということは全くわからないのだから。

　大通りを一つの総体として捉えるならば，一定の間隔で画一的に植えられた街路樹もまた要素を増殖させるファンタジアの一例である。特に，すでに家々が整然と並んでいる都会の通りに，画一的な街路樹を植えたなら，これも初歩的なファンタジアの実例となる。画一的な街路樹はもちろん開けた田舎にあるほうがずっといい。田舎なら，道の両脇に他の種類の木々や草の茂み，農地，畑，家々，動物などの雑多な風景を見ながら画一的な街路樹を通り抜けることができる。都会で街路樹を作るのであれば，さまざまな種類の木を植えたほうがより適切で進歩的ではないだろうか。周囲の景観と同じように，単調な線で構成するのではなく，開花時期の異なる木々と常緑樹，落葉樹をいっしょにし，直線的に広がる庭のような，変化に富んだ総体を形成したほうがいいのではないだろうか。例えば，「うちにおいでよ。僕は39番地に住んでるんだ。ほら，鳥がたくさん止まっているあのマグノリアの近くさ」なんて言うこともできる。

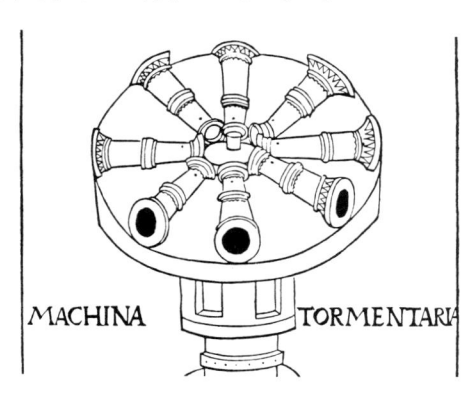

MACHINA　　　　　　　TORMENTARIA

マキナ・トルメンタリアは1350年頃に設計された。8つの大砲を備えた台座は回転式。この兵器の危険なところは，なにかの拍子に火花がでると，それだけで8つの大砲が同時に発射してしまうことである。

インドの神

踊り子1人でもなかなかのものだが，2人だったらなおよろしい。3人，4人，5人と同じものが増えれば，その分面白みも増す。踊り子20人なら効果絶大，さらに同じ恰好の踊り子300人とくれば，これはもう工場だ。ベルトコンベアーに整列した，ブロードウェイ印の大量生産品となる。みんな同じ動作で同じハンバーガーを食べ同じジュースを飲む。ビールを飲みたがった娘はクビになったそうです。

Io vorrei due altri paia di bracca cosi posso usare le cose più in freta e toccare melio. Ne vorrei dui di dietro e dui davanti e dui di fianco. E vorrei cinque dita in più su ogni mano. E le mie braccia, così si possono piegare indietro, questo succede schiacciando un bottone e le braccia vanno davanti e di dietro

次頁：ロベルト・ランテリオ《都会での目覚め》
このスケッチでは，各々が自分の部屋で全く同一の動作をしている。テーマを増殖させることで，都会で働く人間の同一行動を伝えている。同じ時刻に，同じ仕事に行くために目を覚ます。各々の人格には，ほんの僅かなヴァリエーションしか許されない。

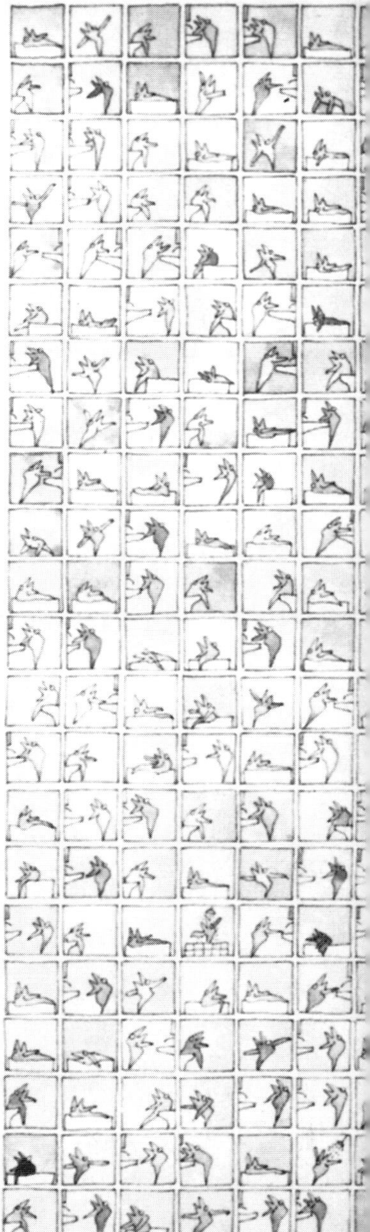

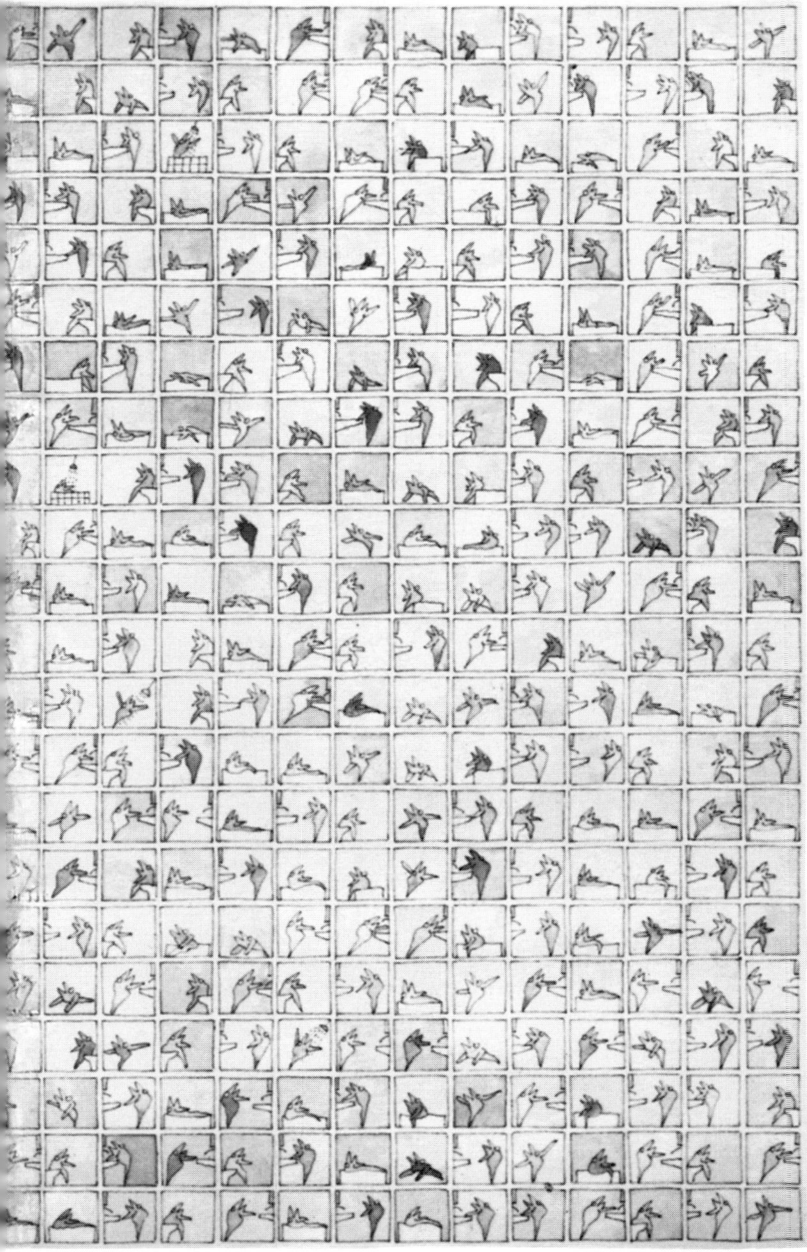

わたしはその時,偶然森にいた。茂みの影から百の頭をもつイドラが出てきたのだ。わたしはかつてないほどの恐怖を味わった。
——ジャン・ド・ラ・フォンテーヌ『あまたの頭をもつ竜とあまたの尾をもつ竜』

ロナルド・サールのデッサン

阿修羅像。神のなかの神，三面六臂。力と魔力で敵を負かす超自然存在。奈良時代，784年

1912年の風刺画。未来派芸術について

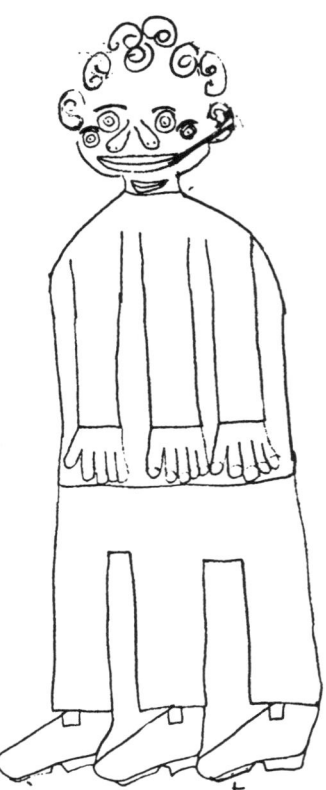

Questo è un ragazzo queste sono le cose che vorrei avere 4 oreccie 4 occhi 2 nasi 2 bocche 3 mani e braccia e 3 gambe per poter andare a scuola più in fretta

「どうしたらより良い人体になりますか」という質問の回答として，子供たちが描いた絵。対象年齢は，7歳，8歳，9歳。この回答例は，エドワード・デ・ボノ著の『問題に向き合う子供たち』に掲載されている。ガルザンティ社より出版

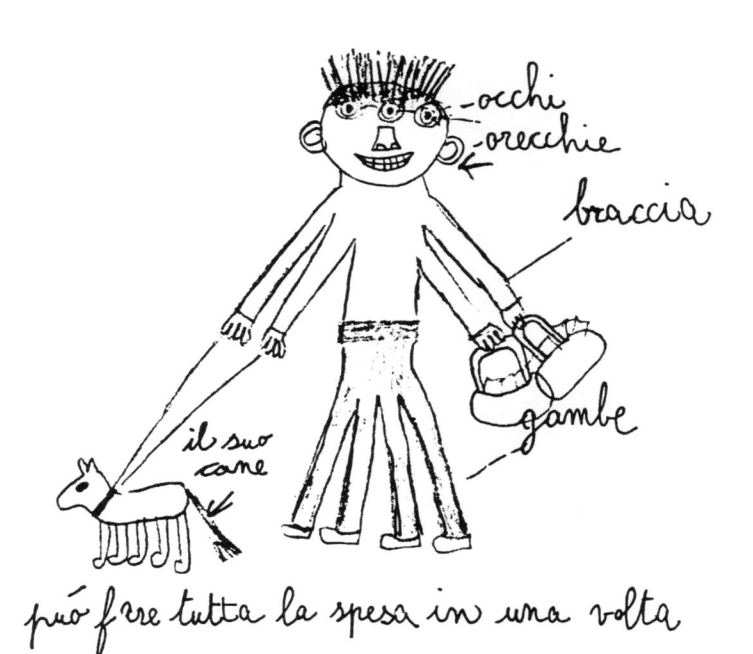

può fare tutta la spesa in una volta

《乙女の参列》サンタポリナーレ・ヌオーヴォのモザイク、ラヴェンナ

コンスタンチン・ブランクーシ
《終わりなき円柱》1946年

《エフェソのアルタミス》全自然の母の象徴

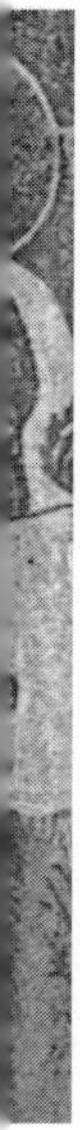

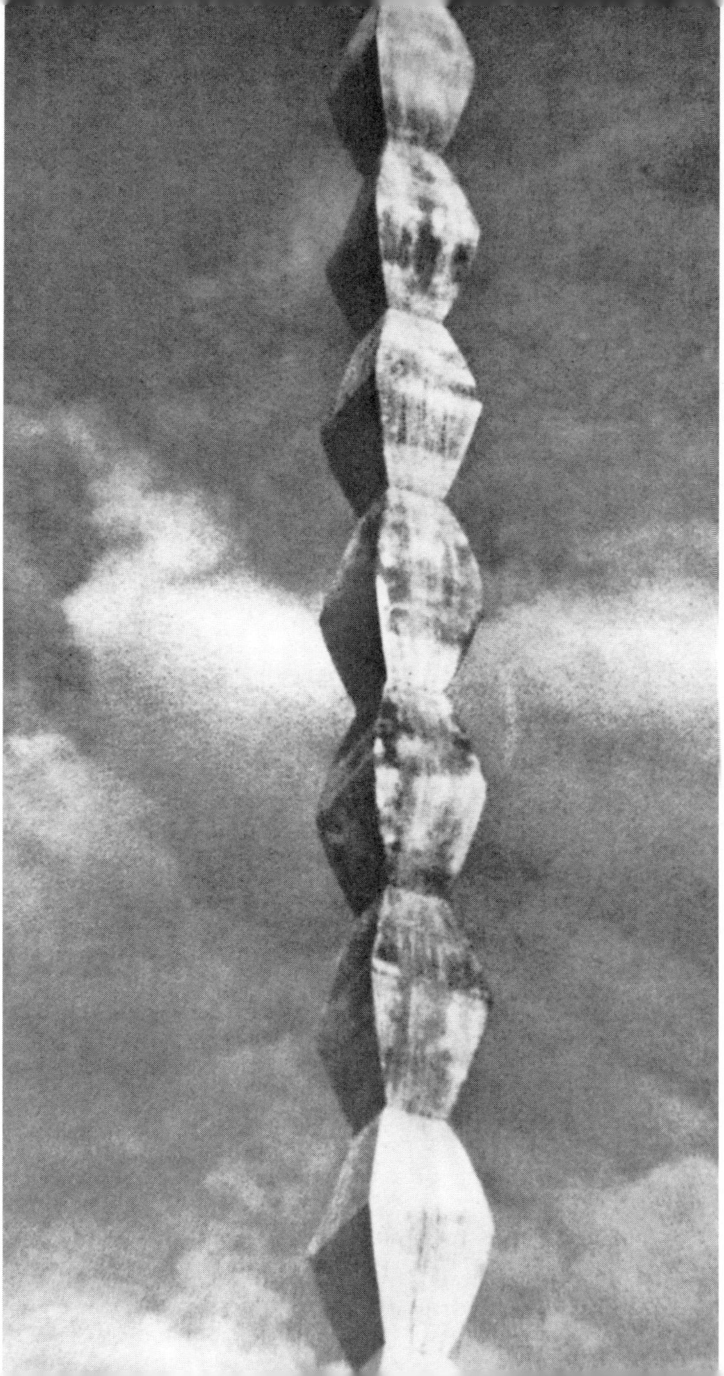

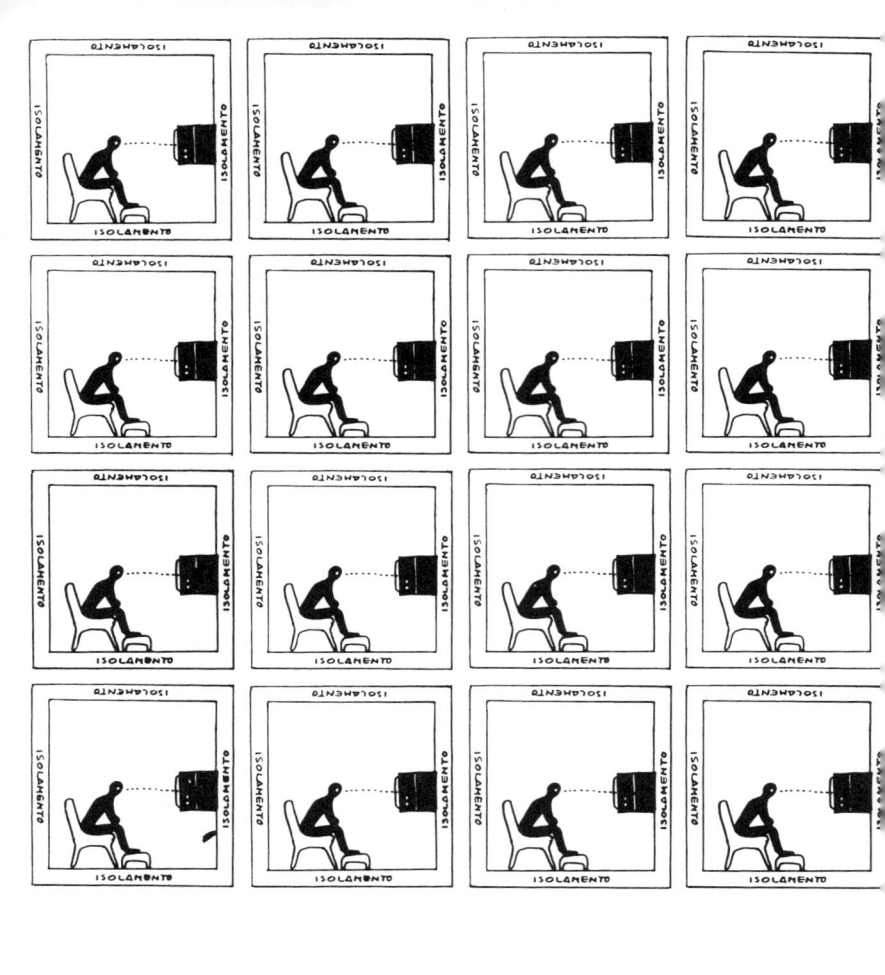

《孤立》寒さ，暑さ，悪天候，重大な問題，自然，気配，友達，このどれからも引き離されている。ついには，同じ穴のムジナからさえも引き離され……。
世界との唯一の接触は一方通行の視覚的接触のみ。こうして何からも防御され，快適さの下で個人は平板化され，完全に消費主義の駒となっていく。

泥よけ付きのサル

　ファンタジアのもう一つの側面は，視覚的類似の関係，また他の性質との関係から生まれる。ある日，ピカソはオモチャの車の車体部分を正面から見ていて，サルの顔に似ていると発見した。ならばと，この芸術家はある彫刻をつくり始める。オモチャの車をサルの顔にしたこの彫刻では，もはや車はサルの顔にしか見えず，ちょっと意識しなければそれがオモチャの車の車体だとは気づかない。

　この作家は1942年には視覚の類似を利用して，頭骨に自転車のサドル，角にハンドルを使った雄牛の頭部を作った。壁に掛けておくと，みんなは何かの記念品と思って見るのだった。

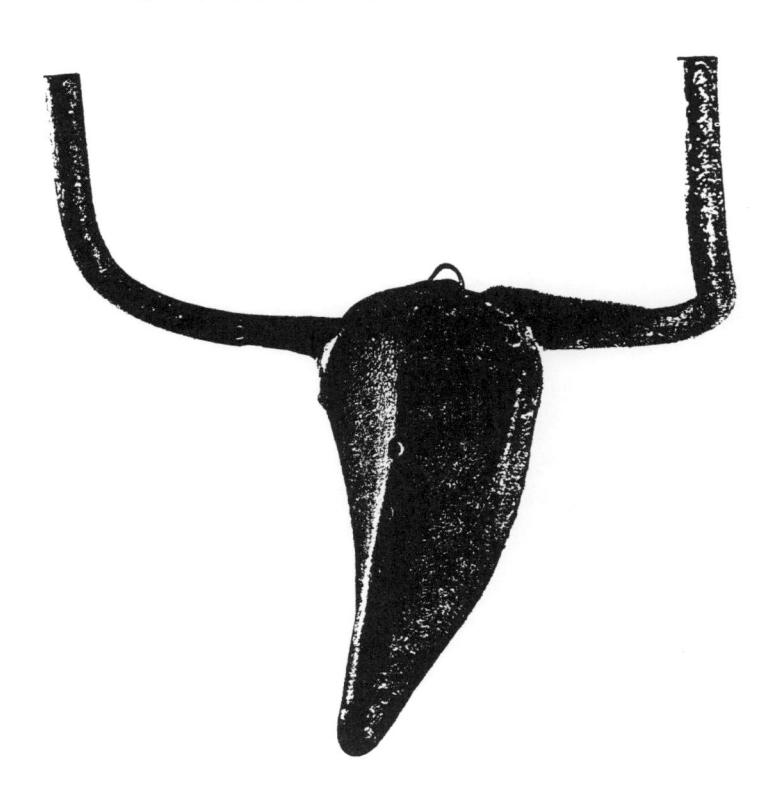

有名なものにアルチンボルド（1530–93）が描いた頭部がある。この頭部は果物、魚、先分かれした根、葉、機械の部品など、よくわからない物が組み合わされてできている。例えば機械の部品から成る頭部なら、三角定規を鼻に、ペンチを口に、バネを耳に、歯車を髪の毛に……という具合だ。それぞれの物体は、これまで使用されてきた方法があるが故に、本来の意味を失い、別の意味合いを帯びることになる。

　ファンタジアに特有なこうした例をみると、どんな事柄もいろいろな方法で観察できるのではないかと考えられるようになる。例えばごく普通のフォークを観察する。そうすると、フォークが小さな手のように見えはしないだろうか。指、掌、肘までの前腕がついた小さなフォーク。その瞬間から、やわらかいフォーク（普通のより安いフォーク）を手に取り、この用具にペンチを用いてどんな手の表情でも与えることができる。1958年にわたしがやったように、ある正確な点で《指》を曲げれば、骨があるように感じとらせることもできる。他にグーのフォークもある。これはダイエット用。

　毛足のとても長い、ペンキ屋さんがよく使う平らな刷毛を見たことがあるだろうか。その名も平刷毛（ペンネレッサ）という。この刷毛をよくよく観察してみれば、長い毛足（とてもきれいに櫛を入れられている）が髪の毛だとすんなり想像できるだろう。三つ編みにして、リボンで結んでもいい。それから柄の部分を見てほしい。この両脇のくねりとしたラインを見れば、ペンネレッサがいかに女性的であるか気づくだろう。まさに女性のウエストのようだ……そのウエストにはブリキ仕立てのベルトが小さな釘で留められているではないか。この瞬間からペンネレッサはペンキを塗るのに使われるのをやめ、壁に掛けられた紫のヴェルヴェットをまとった絵筆君の隣にそっと置かれるのである（当然だね）。

ペンネレッサちゃん

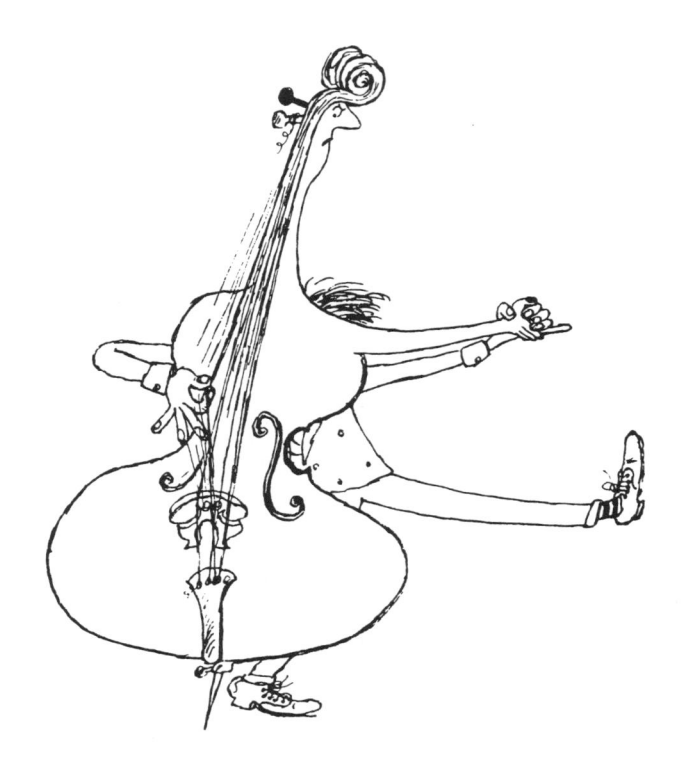

ジェラール・ホフナンのデッサン

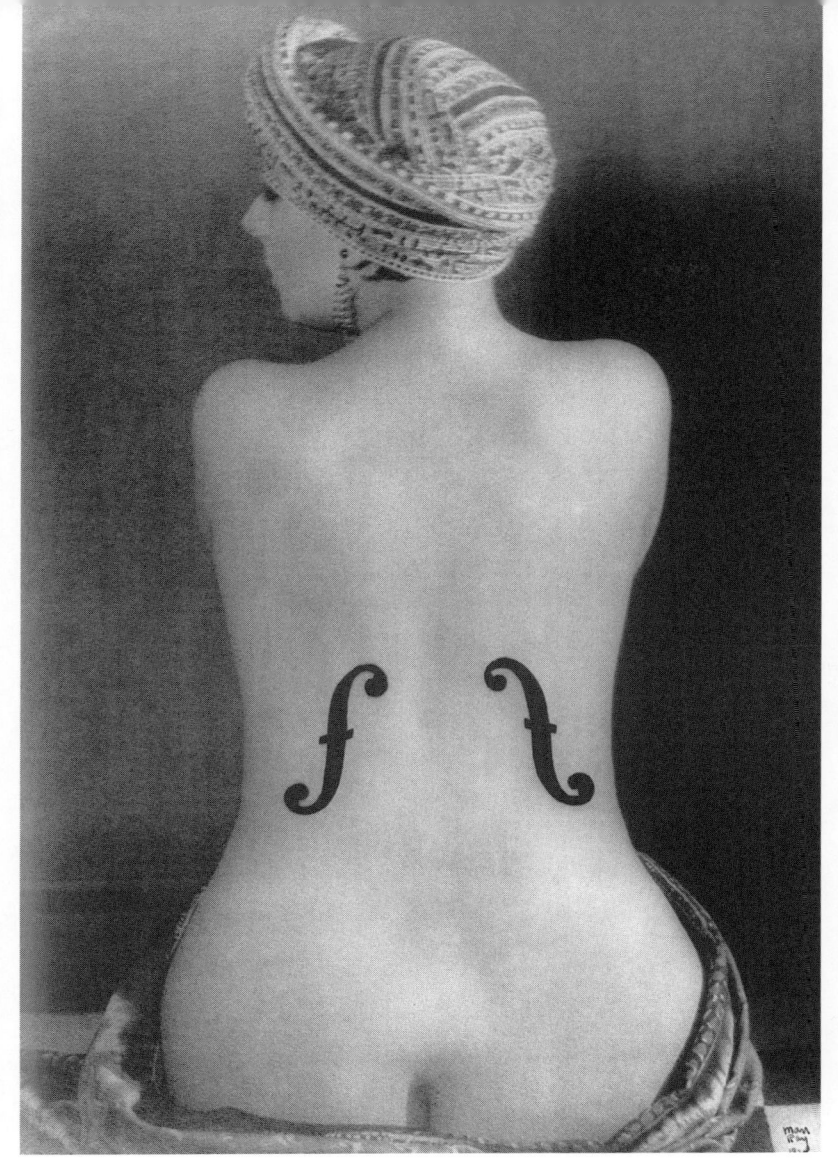

マン・レイ《アングルのヴァイオリン》1924年

ブルーのパン

　ファンタジアのもう一つの側面は，色彩の交換である。マン・レイは 1960 年にパンを青く塗った。このパンはパリで売られている 1 メートルもの長いパンで，それをコバルトブルーに塗ったのである。パンは変わらずパンなのだが，ブルーの色彩によって食べられないものになってしまった。もともとコバルトブルー色をしていて，食べられるものはあるのだろうか。色彩と可食性の関係を調査するためにさまざまな実験を行ったのだが，その中で，ブルーのリゾットだけはどんなに美味しくとも，誰一人として口に含むことができなかった。

　家を出て最初に出会った人に，次のように尋ねてみるとする。——もし地球外生物がいるとしたら，それは何色をしていると思いますか？　おそらく回答はこうだ——緑色。これは，地球外生物を自分とは似ても似つかないもの（映画やマンガで見せられているように）と想像し，緑色をアンビリーヴァブルな色と捉えられているからであろう。つまり，緑色はある意味でわれわれの肉体の補色，つまり朱色の肉体とは正反対の色と考えられているのである。

　実際，サーカス団のピエロが緑色のカツラをかぶっていることがある。これは可笑しなことをしたり，子供たちを笑わせるためである。それから白は，物体をイミテーションにする色彩である。ちょっと想像してほしい。自転車，ココヤシの種，タイプライター，ハム……これらがもし白く塗られていたら？　みんなイミテーションだ。たとえそれが本物だとしても。

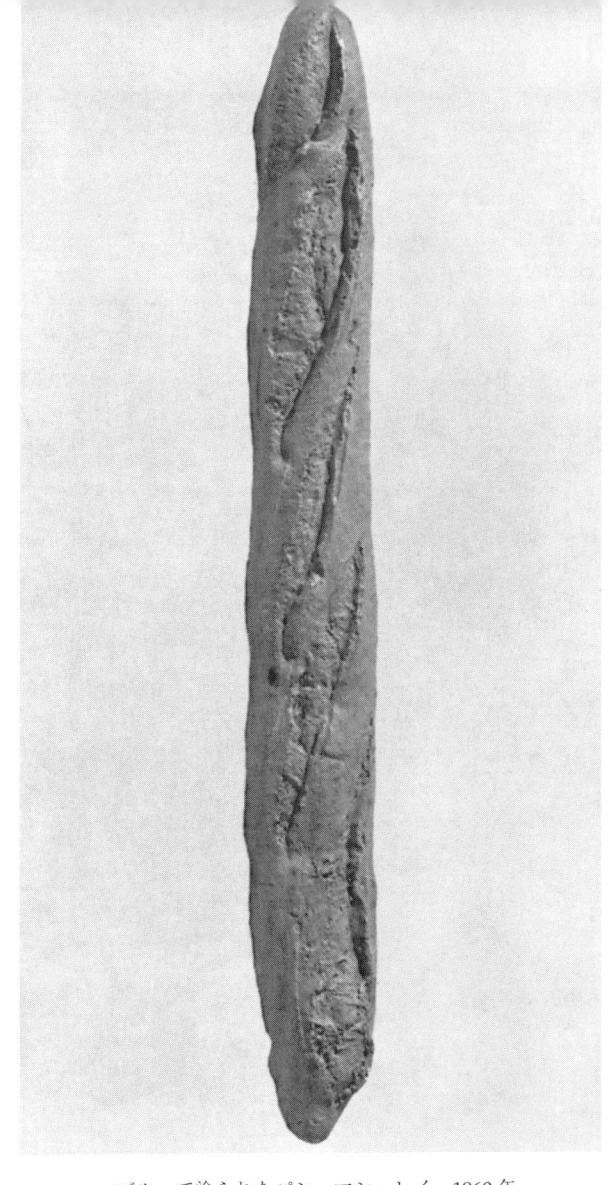

ブルーで塗られたパン。マン・レイ　1960年

ミルトン・グレイサーによるボブ・ディランのポートレイト。「このポートレイトではディランの髪にさまざまな色をつけました。デュシャンの描いた横顔を思い出し、イスラム絵画に着想を得たのです」とミルトン・グレイサー。これは色彩の交換のもう一つの例である。その他、現実で行われる色彩の交換の例としては、例えばブラウン・ヘアの奥様がブロンド・ヘアにカラーリング、なんていうのもそうである。

コルクのハンマー

　ファンタジアのもう一つの側面は，素材の交換である。ジャック・カレルマンの『おかしな道具のカタログ』という本の中に，水中で働く作業員のためのコルク製ハンマー（特許はシャヴァル社）というのがある。これは50年代にふざけて販売された非常に軽量なハンマーで，持ち手はバルサ材，普通ならば鉄製の重い部分は柔らかいフォームラバーでできている。この商品は一見したところ，重くて固い本当のハンマーのようである。しかしいざ手に取り使ってみると，軽くて柔らかいことがわかり，重傷を負わせることなく頭にハンマーの一撃をお見舞いできる。ある日，この本物のような柔らかいハンマーを買ってもらった子供が友達に会いに行き，イタズラをしようと彼の頭を殴った。みんなは大爆笑。そこで，別の子供が，彼もまたハンマー（しかし今回は本物の）を手に取り，今度も冗談のつもりで友達の頭を殴った。しかし一転，その子は泣き出し，パーティは中座してしまったのである。
　この素材の交換という原理に基づいて実現されたシュルレアリストの有名なオブジェに，まるごと毛皮でできたコーヒーカップがある。1936年，メレット・オッペンハイムの手によるもので，スプーンと受け皿も付いている。
　その他の有名なオブジェには，いずれもシュルレアリスム期のものではあるが，サルヴァドール・ダリが1931年に描いた柔らかい時計，マン・レイが1944年に制作，展示したしなやかな鏡などがある。この鏡は，観客が自らの姿を映すこともできるし，しなやかな表面を指で触ればその姿を変えることもできる。
　1963年にはオルデンバーグが，だらりとしたタイプライターを制作した。柔らかい不透明なプラスチック製シートで作り，中は空洞になっている。バールやケーキ屋のショーウインドウでよく見かける石膏のタルトやジェラートの模型なども，物体の外観を忠実に守りつつ素材の交換をした例であろう。

クラウンの持っている柔らかい傘は、ごく普通の黒い傘である。骨はすべて抜かれているが、腕に掛けておけばいたって普通の傘。しかしいざ手に取って開こうとすると、ぐにゃりとしていることに気づく。あの有名な裸の王様の目に見えない洋服も、非常によく知られた素材の交換の一例である。

　一方、ファンタジアのネガティヴなケースもある。これは金持ちに典型的な例だが、苦労もせず大金を稼ぐ人間が、稼ぎの少ない親愛なる友人たちを苛立たせてやろうと、自宅の蛇口をありふれた鉄製ではなく、ゴールド仕様で作ってしまう場合などがそうである。そうすると招かれた客は、まあ、手で触わったりするもので、この金持ちはますます散財するようになる。

　もちろん招待客のなかには、光センサーの新しい自動水栓の設備を取り付けた方がよかったのに、と思う人がいるかもしれない。しかし、これは教養に関わることで、お金のことばかり考えている人には全く通じない話なのであった。

> 『金の卵を産む雌鳥』ジャン・ド・ラ・フォンテーヌ。
> 次の童話は、欲を張りすぎてすべてを失う者に向けて書かれた。
> どこかの某氏が一羽の雌鳥を飼っていた。この雌鳥は毎日金の卵を産む。某氏は、野鳥の腹にはとてつもない宝物がしまわれているのではないかと疑い、殺して内臓を開く。ところが雌鳥の中身は白い卵を産む普通の雌鳥とまったく同じ。この某氏、すでに手に入れていたものまで失ってしまった。
> この童話は慎みの心のない多くの人々を説得する。
> 珍しい話ではない。貪欲に金を欲し、賭けにでる者は、多くも少なくも失う。

メレット・オッペンハイム《オブジェ，無題》1936年
ニューヨーク近代美術館

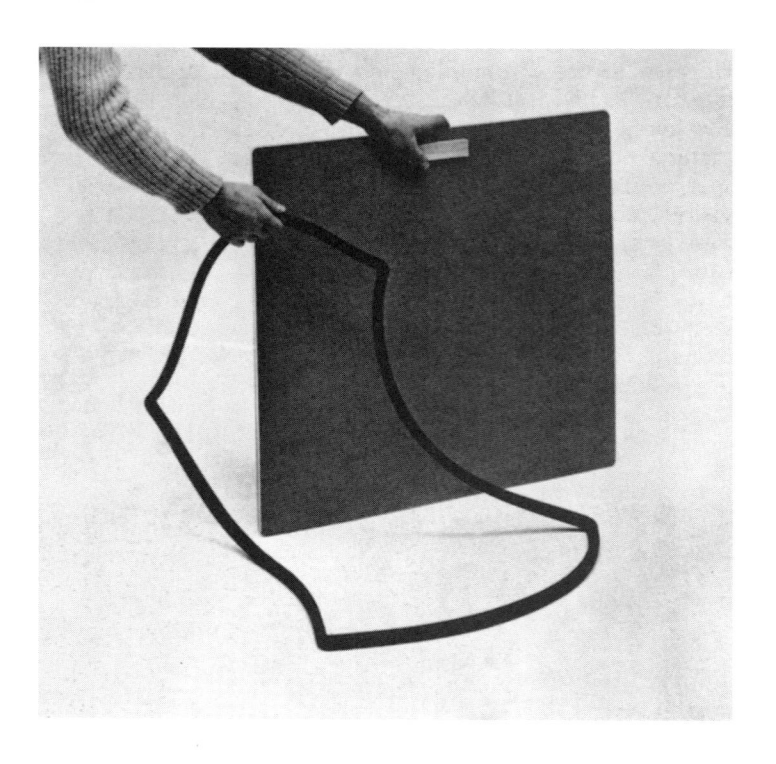

素材の交換が創造力と結びつくと，これまでになかった何かを必ず生み出すだけでなく，美感を含むすべての観点からさまざまな問題を解決する。その一例に，デッサン画，版画，絵画などの芸術作品のために制作したゴム製の額縁がある。これはムナーリが企画デザインし，ダネーゼ社で製造された。この額縁では，強固であったものが伸縮するものになったという意味で素材の交換がなされ，そうすることでいくつかの不便な点が解消された。事実，釘を用いずに額に作品を収められ，程よい伸縮性はガラスと絵の間にホコリが入り込むのを防ぐ。また，運搬及び落下による衝撃を和らげることもできる。

　このゴム製の額縁は 70 × 70 cm で制作したが，伸縮性があるのでもうすこし大きなサイズ（1辺 100 cm まで）でも使用可能である。タイヤのような作りなので，額をはめるのもとても簡単だ。

さて，素材の消去についての実例は1933年の『透明人間』という映画にある。この男は，ある薬品の科学的実験が原因で自分の素材，つまり肉体を失った。というより，彼の肉体は目に見えなくなった。彼は自分の姿を見えるようにするため，ちょっと通りに出るにもフロックコート，帽子，スカーフ，真黒いメガネで全身を覆い，顔にはあたかも大けがをしたかのように，白い包帯をぐるぐるに巻いた。肉体の不在の効果は，すばらしいメーキャップにより明かされる。それはこの透明人間が自室の鏡の前で，ゆっくりと包帯を解く場面でのこと。包帯の下には，なにも見えないのだった。

『透明人間』のワンシーン，1933年

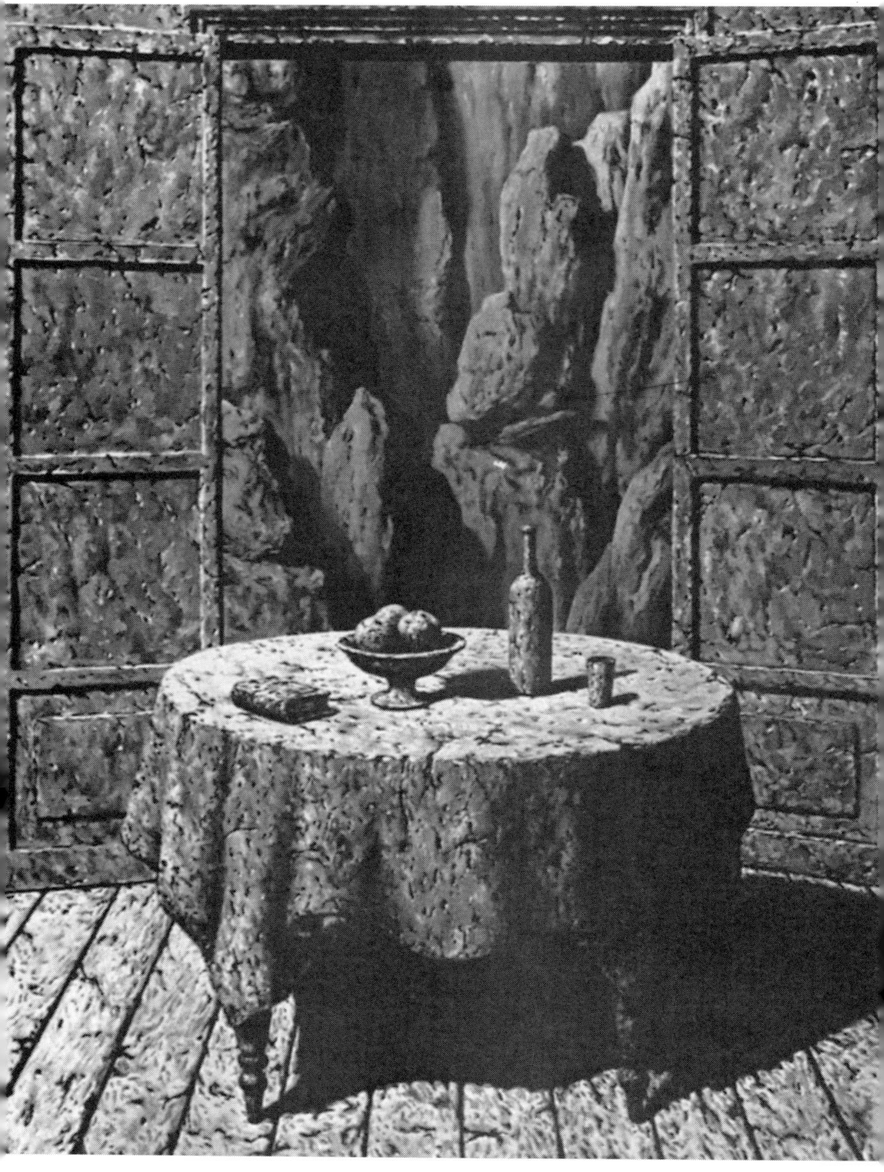

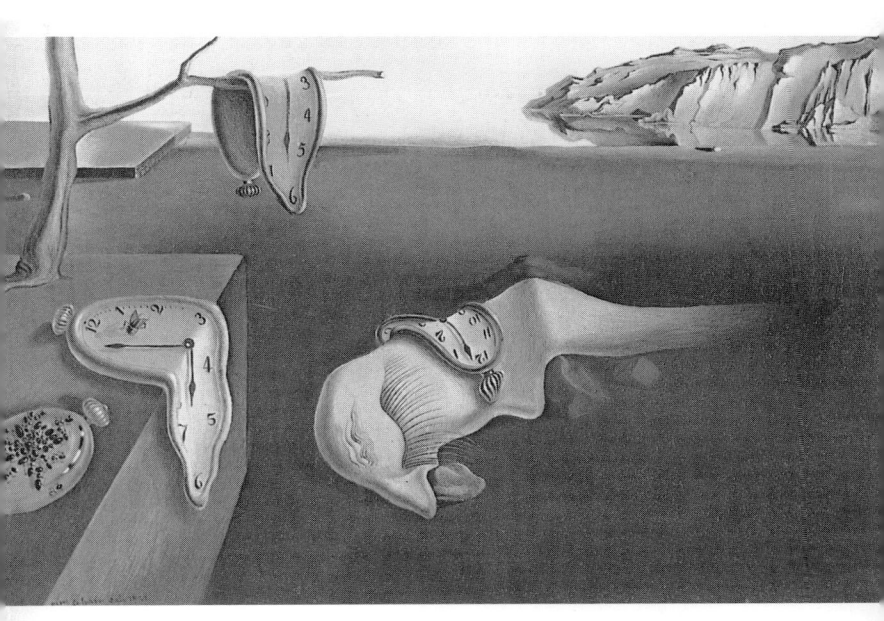

《記憶の持続》サルヴァドール・ダリの有名な絵画
ニューヨーク近代美術館

ルネ・マグリット《旅の思い出》1951 年
そら恐ろしい素材の交換の例。ここでは，テーブル，テーブル掛け，果物の入った脚つき鉢，瓶，コップ，本，床，窓，風景，すべてが石でできている。このタブローの作者は語る。幼い頃，小さな少女とベルギーの片田舎にある人気のない墓場によく遊びに行った。そこで，重い鉄の上げ戸を持ち上げ，ぼろぼろに欠けた石の円柱と枯れ葉に埋もれた地下祭壇の中を探検したものだ，と。

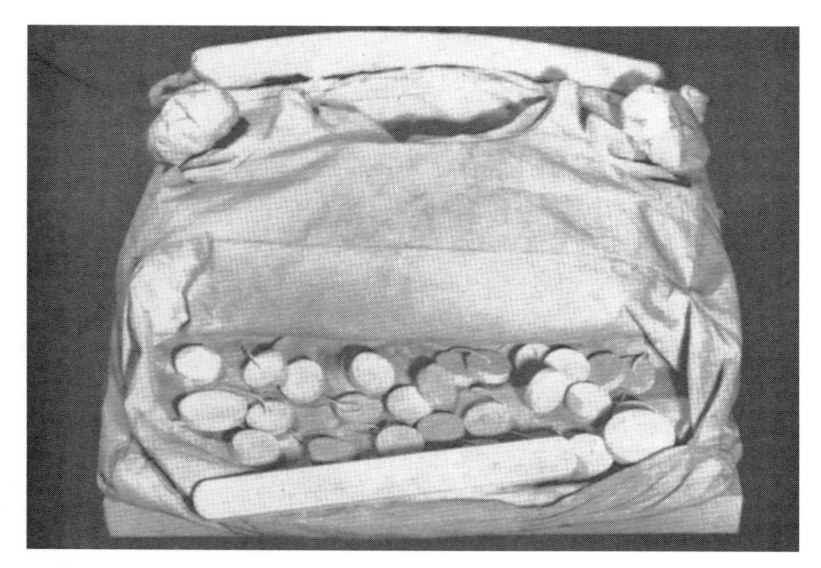

クレス・オルデンバーグ《ソフト・タイプライター・1》1963 年

　20 世紀初頭の著名なユーモリスト、アルフォンス・アレは、今ではもう私の手元にない彼の著作『キャプテン・キャップ』の中で、この有名な大佐がどのように籐で編まれたチェロを作ったのか語っている。散歩好きのこの奏者は、この籐製のチェロの内部に、よく調教された小鳥を飼っている。ある日チェロを弾こうと広々とした田舎へ行った。彼は柱から柱へと電話や電気の線が張り巡らされた場所を見つけ、チェロを弾く準備をする。チェロの側面にある小窓を開け、いくつかの旋律を演奏していると（たぶんこんな話だったと思う。本が見つからないので記憶の範囲で話している）、小鳥が出てきて、その旋律通りに電線に止まった。当然ながらこの好奇心旺盛な奏者は、おそらく 5 本の線が張られた電柱を探し、五線譜を作り上げたのである。

広場にベッド

　ファンタジアのもう一つの側面は，場所の交換である。ある人がベッドで眠っているとする。自分の部屋でならなんの興味も引かないが，もしベッドがドゥオーモ広場に置かれていたらどうだろう。しかも目覚まし時計の置かれたサイドテーブルやカーペット，スリッパも一緒に置かれ，大勢の通行人の真ん中で，なんでもないことのように眠っていたとしたら？　たぶん，誰かしら彼に気づくだろうけれど。

　普通なら船は海や湖の水面上にあるものだ。では，丘の上に置いてみたらどうだろう。場所を変えてみる。そうすると意味が変わり，ナンセンスになる。

　デ・キリコ氏はチェストやソファを谷間に置いたり，部屋に海を置いてみせた。もちろんそれらは絵画上の表現である。しかし，運動をしようとローイングマシンを部屋に置いたとしても，これはごく当たり前の話となる。

　バスター・キートンの古い映画には，場所の移動の例がいくつかある。キートンは映画技師で，フィルムを上映する仕事を引き受ける。しかし毎回，映画の魔法にかかってしまい，キートンはスクリーンの中で俳優たちと一緒に演技に参加することになる。シーンが変わるたびキートンは思ってもみない状況に置かれることとなり，これが喜劇を生むのだった。もう一つ，皆さんもご記憶であろう有名な映画のシーンを挙げよう。それは『ヘルザポッピン』のワンシーン，豪奢な別荘で行われている上品なレセプションパーティに，インディアンが馬に乗って登場するシーンだ。これもまた，映画フィルムを入れ換えることで可能となった場所の移動の一つである。場所を交換する例は，H. G. ウェルズ原作の映画『タイムマシーン』にもある。ある科学者が空間ではなく時間を旅するタイムマシーンを発明した。これで旅人は先史でも未来でも好きな所へひとっ飛びできるというわけだ。

数年前までミラノの文房具屋では、もしミラノに海があったらどんなふうになるかほのめかすような絵はがきが売られていた。もちろん海が置かれるのはドゥオーモ広場。この手法をヴェネツィアにも応用させ、状況の転覆を図ると、自動車で溢れかえった小径を想像できるだろう。

　この種のファンタジアの不可思議さは、ある事柄や物体を普通ならあり得ない場所に見つけることにある。例えば、マジシャンの帽子から出てくるハト、なんかがそうだ。

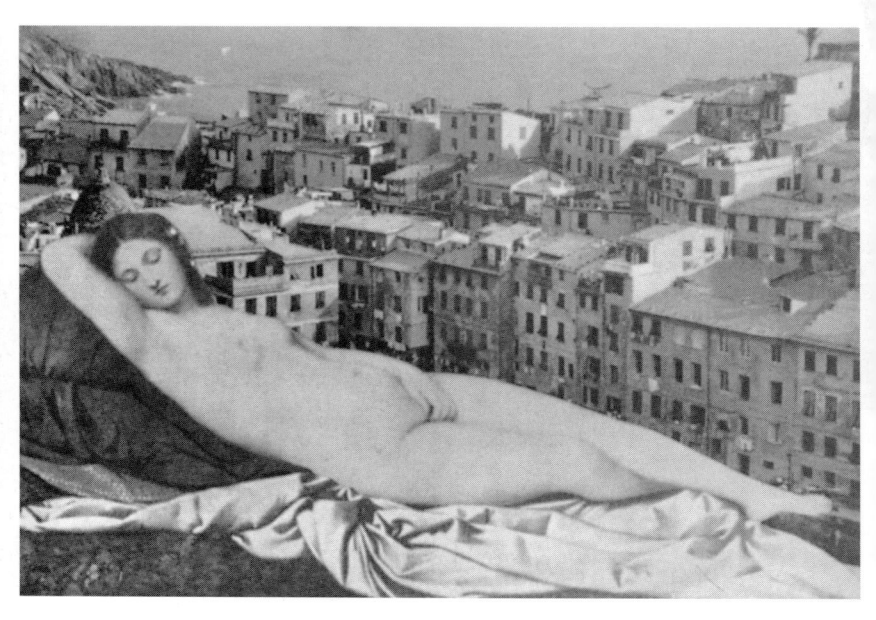

環境の交換。ジョルジョーネの有名な絵画中で

もしもミラノに海があったなら……。
30年代にミラノで流行ったユーモラスな絵はがき

マルセル・デュシャンの作品の多くは，場所の交換，機能の交換に基づいている。例えば彼はギャラリーに，水切り用の瓶立てやシャベル，自転車の車輪といったものを展示する。ある物体をそれがあるべきでない場所や別の環境に置くことで，物体はまた別の機能や意味をもつのである。

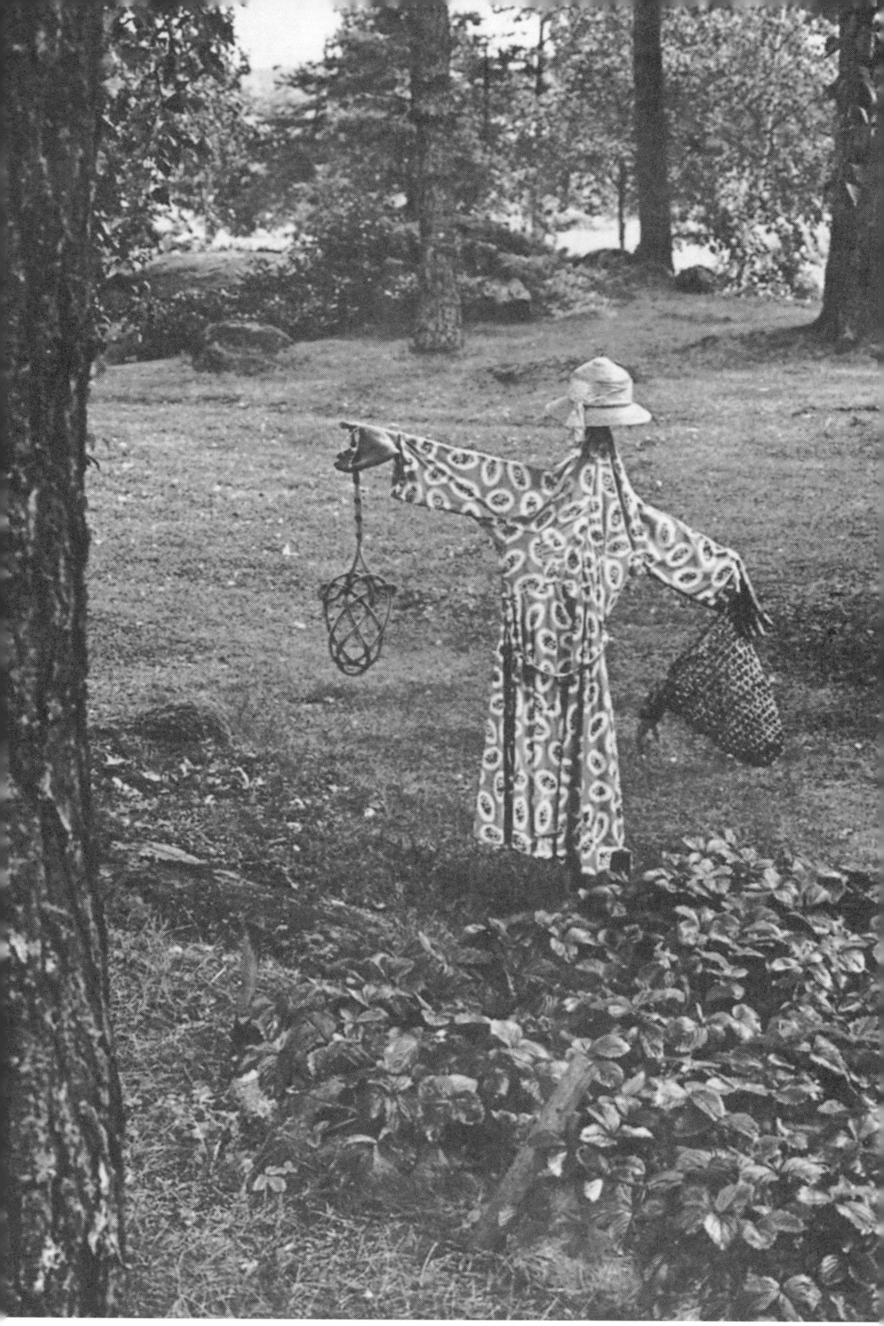

五線譜のランプシェード

　ファンタジアのもう一つの側面は，機能の交換である。これは厳密な機能をもったある物を取り上げ，それとは違う機能のもとで使用する。花瓶としてのグラス，ランプシェードの支柱としての瓶，ライトとしての大きなワインボトル（中に電球を入れて），街灯としての自動車ランプ，灰皿としての小さな石膏型，インテリアとしての大きなメキシカンハット（壁に吊るして飾る），マガジンホルダーとしての古い木製のゆりかご，サイドボードとしての古い金庫（よく鍛錬された鉄製だ），ワインクーラーとしての甲冑，決闘場としてのバール，爆弾としての瓶等々。

　その他には，誰もがあの人気者チャップリンのきわめて豊かなファンタジアを思いつくだろう。シャルロは作品中で，子供の靴を小銭入れとして使う。そしてあの有名な《食べられた》靴。シャルロはなんとも美味そうに靴を食べていた。[*]

　こうした機能の交換の用例に，ヴァカンス用の住居として利用される農家の小屋や，古い水車小屋（その他こういった建物全般）を加えてもいいだろう。私はアメリカで，ある有名な建築家が住居用に改築した古い厩舎を見に行った。この建築家はジョークを忘れないように，厩舎の構造をそのまま残し，馬用の毛布をソファー・カバーにしてしまった。この種の応用は一般的な建築雑誌でよく見かけるし，経済的な理由から正当化もされているのだが，その多くが外観だけの応用にとどまっている。

* 『黄金狂時代』（1928）

写真：マリオ・デ・ビアジ

ゲンジツ？　それともゲンソウ？

　金庫が開くとそこには眩いばかりのバーカウンターがあった。ベルナルドーニ，ブガンツァといったウィスキーやウオッカ，その他にも高級酒がずらりと並んでいる。ならば一杯いただこうか。それから……，16世紀のヴェネツィア様式の戸棚を開けてみる。なんと中には自動制御式テレビが。しかも自動的に電源が入る。サッカーボールの形をしたアイスペールからニワトリの肢を型どったトングで四角い氷を1つとる。どうやらトングはゴールド仕様だ（おそらく）。五線譜のランプシェードからは黄金色の光が漏れ（ロウソク型の電球は隠れている），ランプの支柱には黒くて長いフルートが使われている。タバコの灰は女性の手の形をした灰皿（金メッキの陶器）に置いて，ブタの栓抜きでバローロ・ガッゾーニを開けよう。木の幹の形をした陶器の花瓶には大量の造花が入っている。ちょうど花瓶の後ろには，ビリビリに破かれた手紙とボロボロになったポスターで花を描いた騙し絵がある。この家の女主人は，まったく自然な微笑みをこぼしているが，半分は本物，もう半分は描かれている。16世紀のヴェネツィア様式の戸棚に隠されていたレコードプレイヤーに，Wpz夫人の娘がアリギエーロ・ノスチェーゼのレコードをかける。まるで何人かで歌っているように聞こえるのだが，実際に歌っているのは彼ただ一人。フライパンの時計を見ると，針は2時をさしている（深夜なのか，あるいは昼間なのか？）。時計の近くには，コバルト色の小さな花で飾られた白い陶器のアイロンがある。髪を染めた紳士が，黒い雄牛の頭部のパイプをくわえている。彼はエステ治療によって若返った老婦人に自分の別荘について話している。彼の別荘は海に面した場所にあり，帆船の形をしているらしい。書棚には船の梯子を使い，時計には舵を利用し（舵の真ん中に時計を置いて），壁灯にはボート用のランタンを使っている。さらに，居間の入り口にはハッチ用のドアを，貯蔵庫には水位調節のためのボイラー室を，と次から次へ，いろいろなものが置いてあるそうだ。この老婦人，なんと答えればいいのかわからずにいると，その娘（もと尼さん）が自宅には竿秤で作ったシャンデリアがあるという。彼女の夫は建築家で，大きなメキシカンハットを持っているのだが一度もかぶったことがなく，ダイニングルームの壁にピストルのキーホルダーと一緒に掛けてあるとも。インテリア照明にしたカーライトも，田舎の別荘用に車輪を真っ二つに割って作った鉄柵も，もう使っていないそうだ。

子供が靴職人のハンマーを持って部屋に入ってくる。そしてみんなに一発ずつハンマーパンチをお見舞いする。みんなは礼儀正しい微笑みをかえす。

　Pzzb 夫人はイミテーションのヴァイオリン・ケース（銀製）に入ったお通じ用のチョコレートをお客に薦めながら居間を一周する。誰もチョコレートを食べようとはしない。Pzzb 夫人は少し悲しそうに，イミテーションのヴァイオリン・ケースを魚の尾がついたピアノの上に置く。ピアノの近くには大きな懐中時計の形をした写真立てがあり，中にはこの家の女主人の写真が収められている。どうやら彼女が幼い頃に撮ったものらしく，羽根のついた兵隊帽をかぶり水兵の制服を着ている。中国の銅像のように型どられたロウソクに火を灯し，クリスタル風のプレキシガラスでできた燭台に立てる。ネコのトゥクスは陶器の大きな犬のそばで眠っていたが，起き上がり，どこかへ行こうとする。子供がウサギのスリッパを手にもちネコの後を追う。ところが子供は靴の形をした傘立てにぶつかり，傘の形のパゴダが床に落ち千々に砕けた。クッションの形の電話が鳴ったので出ると，得体の知れぬ声で番号間違いを詫びている。今宵もずいぶん更けたようだ。みんなが暇乞いし，家の主人たちに礼を述べる。主人たちはなんだか気を落としてしまったようだ。私たちの方から暇乞いを申し出たからだろうか。

　それぞれが鹿の角でできたコート掛けから上着をとり，執事（レンタルされた）が壁に埋め込まれているドアを開ける，とそこはブロードウェイの真ん真ん中だった。タクシーを呼んで運転手に Sskml に行ってくれと頼む。一丁あがりだよ，旦那，運転手はそういうと Mllrnh に向かった。

リドリーニ風に

　ファンタジアのもう一つの側面は，動きの交換である。普通ならゆっくりと動くものが加速して動く場合，われわれはこの動きを定義するのに"リドリーニ風に動く"という。事実，この無声映画の喜劇こそ，視覚的な表現手法として映画カメラの可能性を活用したのである。映画の手法は今日でもまだ，そのヴィジュアル・コミュニケーションの可能性を十分に発揮しているとは言いがたい。なにもズームやその他の初歩的な特殊効果だけが映画の手法ではない。今日の映画は，ある出来事を伝達するのに文学の方法，つまり常に言葉によって練り上げる方法を用いている。その上で映画に翻訳しているのだ。どれだけ多くの映画が小説を原作にしていることか！　科学的な調査の場合だ

＊リドリーニ（Ridolini）喜劇俳優ラリー・シモン（1889–1928）のイタリアでの愛称。チャップリン，キートンと並ぶ，アメリカ無声映画時代の代表的な喜劇俳優。

けが，映画カメラを正当に活用し，言葉では説明しても理解できないような現象，あるいは言葉ではなかなか理解しにくい現象をわれわれに見せてくれる。

したがって，映画的手法の技術面における可能性は，まだこれから開拓されるべきものである。時には，この技術を言語として使用する作家もいる。例えば，アラン・ロブ＝グリエ。彼の物語の描写を思い出してほしい。または1秒間に1000，または3000のコマ割りをしている映画作品，それとは対照的に，1コマを2分毎，あるいは10分毎で撮っている作品を思い出してほしい。映画こそこのような時間の交換，つまりある現象の動きを交換して見せてくれるのであり，映画以外の手法では到底理解できない出来事を理解させてくれるのである。

コモ市の近くにモンテ・オリンピーノという町があり，1964年当時には映画言語の研究所があった。その年に，私はマルチェッロ・ピッカルドやその他友人たちと16ミリで3分間の映画を制作した。撮影にはミクロスコーピオ・テンポラーレと命名されたある特殊な装置

ロナルド・サールのデッサン

を使用した。この装置はミラノ工科大学の科学研究所にあり，通常，裸眼では知覚できない動きをスローモーションにして写す場合に使用される。例えば，電球を射撃した際のその破裂や，牛乳の入った受け皿に一滴の牛乳を落とした際のその表面への落下などがそうだ。多くの人はこれらの"特殊効果"をテレビで目にしたことがあるだろう。いわゆる現実時間では論理的に起きている動きについて，こうした効果を獲得するには，通常1秒24コマのところを1秒1500コマで撮影せねばならない。きわめて加速されたこのショットを通常の速度で映写すれば，撮影時に加速されたその速度に応じて，画がスローモーションとなるのは明らかだろう。

1964年に私たちが制作した作品『時間のなかの時間』は，1秒3000コマで撮影した。この特殊な撮影をするにあたり，スタッフは照明について頭を悩ませねばならなかった。というのも，この作品にはおよそ$9m^2$の空間が必要であったからである。作品のテーマは，ひとりの曲芸師が決死のジャンプをすることである。なぜこのテーマを選んだのかというと，現実時間の正確なディメンションを観る者に与えるためである。普通，1秒以上かけてゆっくりと決死のジャンプをすることはできない。したがって，現実の1秒間のショットを最初に見せ，それに引き続きスローモーションのショットを見せれば，この両者の正確な違いを観る者に伝えることができる。スローモーションでは，曲芸師はジャンプしてから着地するまで，約3分間空中にとどまっている。これほどまでにスローで撮影されれば，曲芸師の動きはたちまち知覚可能となり，現実ではたった1秒でなされるジャンプがどのような態勢でなされているか，その一部始終を楽に観ることができる。このような問題点を認識している者にとっては，3分間とは充分に長い時間なのである。

動きの交換は，例えばスーパーマンが地面を走るのではなく，空を飛ぶ場合にも起こっている。あるいは，童話でのカタツムリとカメの駆けっこ競走の場合もそうだ。また，もし消防士がお役人のように出動したらとか，お役人が消防士の速度で動いたらどうなるだろうと考えるのも，一つの動きの交換といえるかもしれない。

『時間のなかの時間』でのいくつかのコマ。1秒3000コマで撮影。1964年,モンテ・オリンピーノ・スタジオにて,ブルーノ・ムナーリ,マルチェッロ・ピッカルド制作

アメリカのホワイト・ホース・サーカスの役者。ピーター・シューマン率いるこのサーカスは，仮面をつけた俳優やブレッド＆プペ・シアターというマリオネットらで構成されている。ディメンションの交換により直接的な効果が得られる。写真：アントニオ・ズフェルラッツォ，フィレンツェにて

ポップなマッチ

　ファンタジアのもう一つの側面はディメンションの交換である。
　60年代はポップアート全盛の時代だった。それまで世界中の見本市で目にしていた巨大な物体が、ヴィジュアル・アート界ではよく知られたギャラリーに展示されるようになり、人々は大いに驚いた。大勢の一般客が工業製品の新作を見ようと押し寄せる見本市で、世界中の広告代理店は客の目を引こうと、巨大化というディメンションの交換の公式を応用した。見本市内の低空に、歯みがき粉の巨大チューブや潤滑油の巨大ボトルなどがふわふわと飛んでいたのを皆さんもご記憶だろう。これらはゴム製で中にはガスが注入され、おそらく紐で地面に括りつけられていた。見本市に必ずあったものが、ポップアートと定義づけられたのだ。したがって、これらの巨大な物体はもう一般客の目を引くことはなくなり、ある別のケース、つまり場所の交換を行い、美術批評家の注目を集めることになった。かつて見本市にあった無名の物体が、いまやビエンナーレのアート部門に置かれ、しかもサイン入りの高額なオブジェとなったのである。

見本市や国際展示会の大道具スタッフは、毎回一般客を驚かそうと考え、ディメンションの交換を利用した。これは1960年の例、なんと直径30mもあるタイヤを展示している。下に見える人々と比較すればその大きさがわかるだろう。

130 m のウォータージェット。風によってヴァリエーションがある。20世紀初頭，ジュネーヴの湖に建設された。建設，考案はエミール・メルル・ドビーニェによる。今日なら，「水の彫刻」とでもいうべきか。

山のように見える石がある。山と思って見てごらん，すぐにディメンションが交換される。

《宵の影》ヘレニズム期の小さなブロンズ像。
エトルリア美術館，ヴォルテッラ

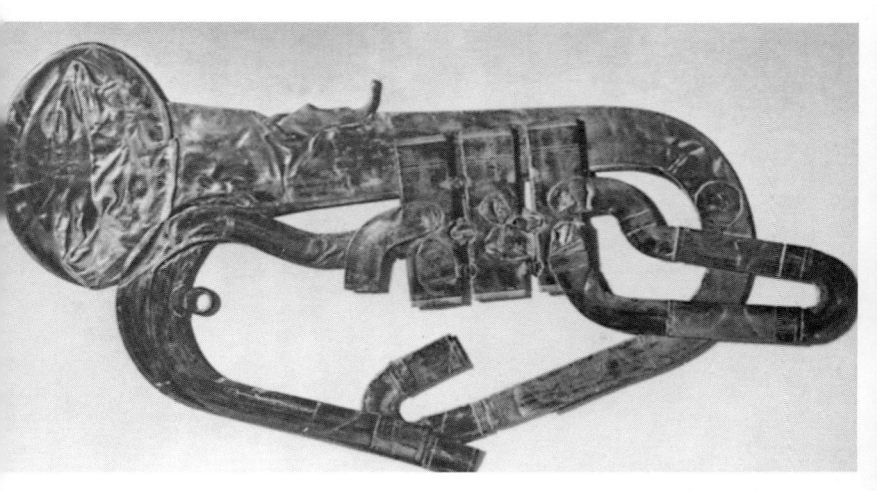

ムナーリ《平和のラッパ》1950年収縮され平面となった軍隊のラッパ

　映画制作では，しばしばSF映画にディメンションの交換を利用する。これは奇想天外で印象的な効果を得るためである。こう聞いてすぐに思いつくのは『キング・コング』ではなかろうか。そう，巨大なゴリラがニューヨーク一の超高層ビルによじ上り，手には若い女性（もちろん彼女は美しい。コントラストを際立たせるため），そして大群の戦闘機が旋回しながら彼を取り囲み，撃ち殺そうとするあの映画だ。

　あのような効果がどのように実現されたのか，みなさんもご興味がおありだろう。

　キング・コングはもちろん関節のある大きな模型で，骨組みは鋼，その上に本物の動物のように動くゴム製の筋肉が貼付けられている。外皮を覆い尽くすには40頭分の熊の毛皮が使われ，作動させるには6名の人間が必要だった。キング・コングの肉声は，まずライオンの唸り声を録音し，それをもう一オクターブ低くして，その上でゆっくり逆回転させてできあがったものである。

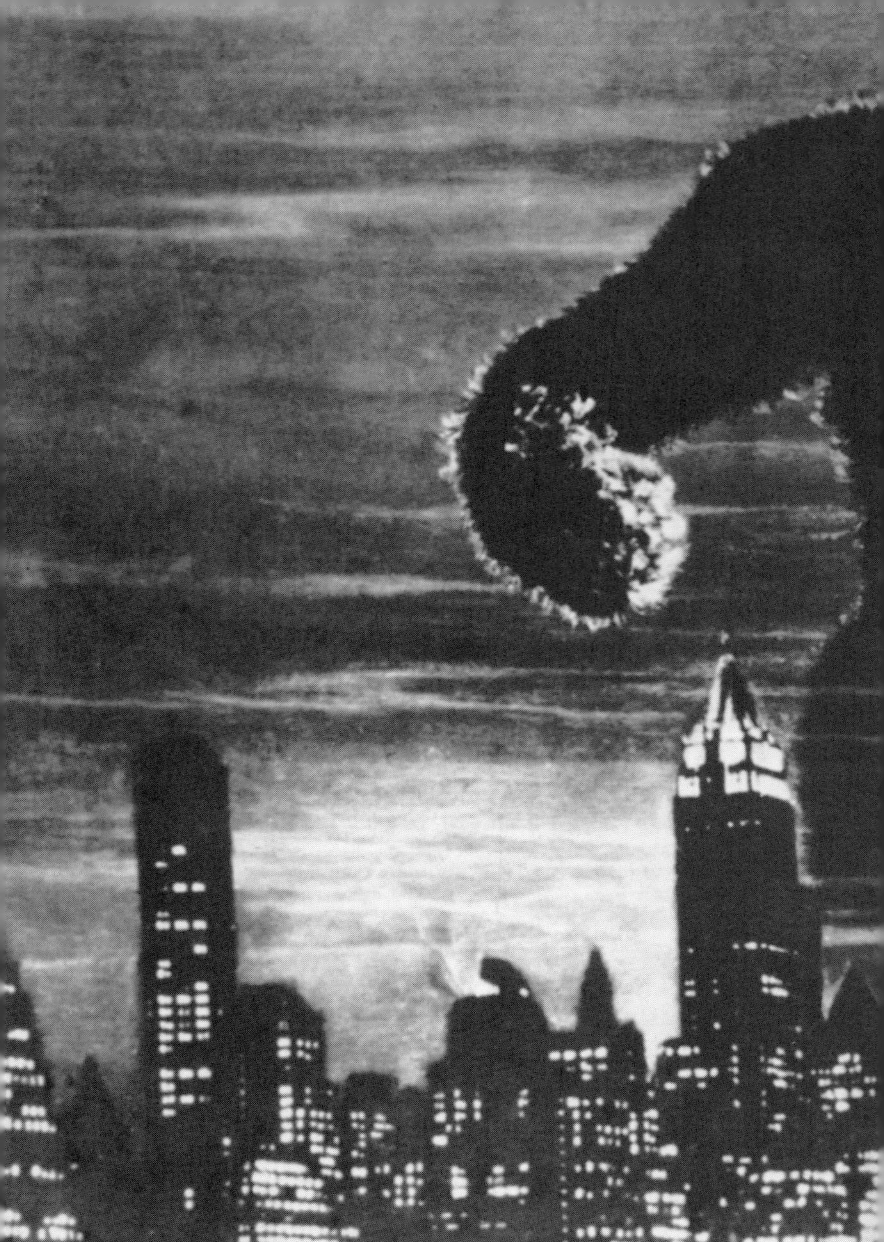

『キング・コング』のワンシーン，1933年

1933 年制作のこの作品の後，他の作品でも，巨大化というディメンションの交換がもつ効果が最大限に利用され続ける。例えばその一つに，1954 年の『放射能 X』がある。これは巨大な虫たちがわれわれの地球に侵入してくるも，最後には爆撃により全滅するという話。55 年には『タランチュラ』が公開されたが，ここでの巨大なモンスターとはおそろしい蜘蛛なのであった。

　このようなディメンションの交換によるあらゆる効果は，観客にモンスターはとてつもなく大きいのだという既成事実を植えつける。その反対に，1956 年のリチャード・マシスン原作の作品では，ほとんど見えないくらいまで段階的に小さくするというディメンションの交換のケースを見ることができる。ある男が小舟の上で日光浴をしていると，突然異常な雲が空を覆う。男はこの現象に気を留めずにいたが，数日後，服がブカブカになっていると気づく。そこで体重を計ってみると，健康体であるにもかかわらず，体重が落ちていた。医者に診てもらったが原因は不明。そうしている間にも，男は小さくなり続ける。医者を転々とし，精密検査も受けたが，依然として何もわからない。普通サイズの妻は，彼に付き添い，愛情をもって助けようとするのだが，この現象はいっこうにやまない。男はどんどん小さくなり，単純な道具すらも使えなくなり，顕微鏡サイズになってしまう。そしてとうとう，ある美しい星夜に消えてしまったのだった。

　最近の作品では，ディメンションの交換はこれまでとは反対に，極小化されて利用された。何人かの科学者が，一種の潜水艦のような乗り物と一緒にとても小さくなる。この乗り物内では外科手術ができるようになっていて，人間の体内に入り込み，癌に冒された部位を求める旅をし，癌を見つけては治すという話である。

船で海を渡るのに長く時間のかかった時代，海兵たちは自分の乗り込んだ船やほかの帆船のミニチュアを作るのが常だった。彼らは飲み干して空になった瓶の中にそれを作り上げる。まず船の全体を瓶の外で作り，マストや帆は折り畳んでおく。次にこの全体を瓶の内部に引き入れるのだが，この時，あとでマストを立ち上げるために付けた糸を瓶の外に残しておく。全体がちょうどいい場所に定まるまで，船の模型は薄く塗ったパテで固定しておく。そして糸を引っ張り，マストを立ち上げ帆を開かせる。そう，ちょうど傘を広げるみたいに。それから糸を取り除く。今日ではわずか数時間で海を越えるので，スチュワーデスは瓶一本飲み干すので精一杯。それゆえコカコーラの瓶に入ったジャンボジェット機の模型がないのだろう。

瓶の中の帆船，海岸ちかくで

『放射能X』のワンシーン，1954年

　東洋の国では何千年も前から「BONSAI」と呼ばれる小さな樹木を栽培してきた。これもまたディメンションの交換にしたがって造られたものであり，対象の性質をまったく変化させずに，サイズだけを小さくしたものである。フレームから鉢を外して写真を撮れば，この小さな木は大きな木に見える。いずれにしてもこの木は本物で，他の木と同様野外で育ち，また寿命も長い。わたしは京都で，盆栽家が栽培しているものを見たのだが，生き生きとしてとても美しく，樹齢は900年だった。ディメンションの交換に関して，東洋文化におけるもう一つの側面は，ある種の石や砂利を山に，より正確にいえば，大きな山々の模型に見立てることである。正確な照明で撮影し引き伸ばせば，これもまたディメンションの交換を見てとれない人にその効果を見せることができる。

全長70cmのすばらしい盆栽。盆栽は，長い時間にわたり栽培された小さな木で，おそらく中国や日本のものである。木はその生育地に適応し，北部の夾竹桃は低木に，南部では高木になる。植物は環境に適応し新たな種を形成する。ある盆栽の種から異なる種類の盆栽が生まれる。

盆栽の愛好家たちは困難な状況下に生育している植物を探しに行く。例えば，岩間の割れ目や廃屋の壁間など，信じられない場所に種は飛んでいる。彼らは根を傷つけることなく抜き取り，鉢や平皿に植え置き，手間暇かけて培養する。わたしは日本で樹齢900年の盆栽を見た。植物の健康状態は葉の色でわかる。普通の樹木と同様に，室内ではなく屋外で育てられる。

イタリアでなら，一年間栽培された苗木を海外から入荷する時期に植木屋に行き，植木屋が木がよじれていてもっとも醜いとするものを選べばいい。その道に疎い人は，まっすぐに伸びた苗を良しとするのだ。実際は，ぐねぐねしている方がずっと面白いのである。

アイデアに乏しい多くの芸術家は，自分のスタイルで作品をつくり続けようと，ディメンションの交換を利用する。例えば，あるアーティストがハンマーを白いペンキで塗って有名になったとする（あくまでも仮定の話）。次の展示会ではヴァイオリンを白塗りにし，その次はオートバイを白塗りにし，その次は公のモニュメントを白塗りにし，その次は家か凱旋門を白塗りにする。もっと観客を驚かそうと，森を，丘を，島（小さな）を，それから……。おわかりだろうが，これではある地点で限界がやってくる。しかし，彼は白塗りで有名なのだった。

最後に，ウソをつくたびにピノッキオの鼻に起こるディメンションの交換を引用し，この話題を終わりにしたい。

藁のソファー。高さは3m。1974年,
アレッサンドロ・メンディーニ作

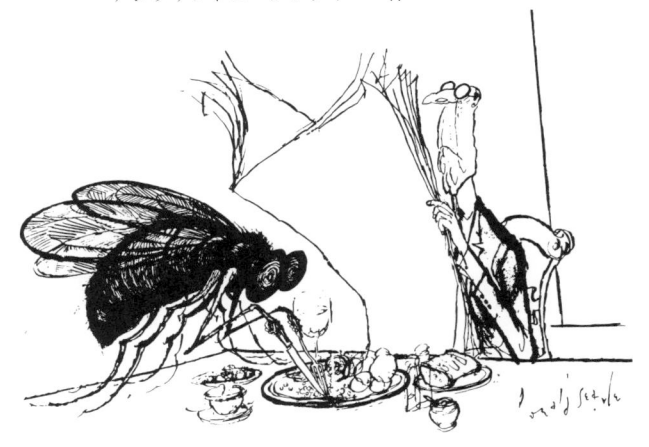

ロナルド・サールのデッサン

コセンザのおやじは
あしの長いのったらありゃしない
一歩あるけば
トルコからグラン・サッソまで
あらら驚きだよ，コセンザのおやじ

おやじさんの鼻で
いろんな鳥が押し合いへし合い
日が暮れると
みんないなくなった
そうして，おやじさんも鼻もずいぶん軽くなった

エドワード・リアの2つのナンセンス

ストラヴィンスキー《兵士の物語》。人形劇の舞台装備。
ヴェリア・マンテガッツァ監督。
写真:レナート・ビッフィ,ミラノにて

《悪徳の獣》スペインの大衆版画

恐怖のモンスター

　ファンタジアのもう一つの側面は，ひとつの体に異なる要素を融合した場合に現われる。例えば，すべての要素を動物のものにする。ただし，動物の種類はさまざまにする。そうすればある程度の構成力をもちながら一緒に配置でき，モンスターができあがる。これには無限の種類があり，例えば，パオロ・ウッチェッロがその作品《聖ゲオルギオスとドラゴン》で描いたモンスターは，犬のような頭部に見たこともない牙をもち，体は小さく痩せているため肋骨や背骨がよく見える。太くしっかりとした2本の肢に3本の指，その先には強暴な爪，コウモリをおもわせる2つの翼は大きな円盤で装飾されており，筋張った長い尾はカールしている。ヒエロニムス・ボッシュはこの種のファンタジアのマエストロと考えられるかもしれない。彼の作品では，あらゆる種類のモンスターを見ることができる。

　要するに，きわめて多くの芸術家，とりわけ画家は，さまざまな機会にさまざまな目的をもって，この種のモンスターを描いたのである。

　また，動物の部位と，それとは異なる性質の部位とを一緒に配置する方法もある。ここではその例として，ダリの引き出しのついた女性像を取り上げることもできる。あるいは，あの有名な人造人間のモンスター，フランケンシュタインも思い浮かぶ。彼の首元には金属の蛇口があり，その蛇口は彼の身体の一部となっている。

　1958年制作のSF映画，『蠅男の恐怖』では，ひとりの科学者の変身に立ち会うことができる。この科学者は物質を移動させる実験に失敗して，ハエ頭の人間になってしまう。彼はたまたま実験室にいたハエの頭を自分の頭へ移動させてしまったのだ。一方，人間頭となったハエは蜘蛛に食べられそうになり，こう叫ぶのだ。助けてー，と。

1959年には著名な俳優ロン・チェイニーがワニ人間になってスクリーンに登場した。セイレーンやケンタウロスはこのようなファンタジアの最初の産物であった。古代エジプトの図像にも鳥や牛の頭をもつ人間がいる。

　インテリアの分野でも，例えばライオンの肢を脚にしているような家具をいくつも挙げることができる。いろいろな動物の肢が，テーブルやその他ちいさな家具の脚になっている。

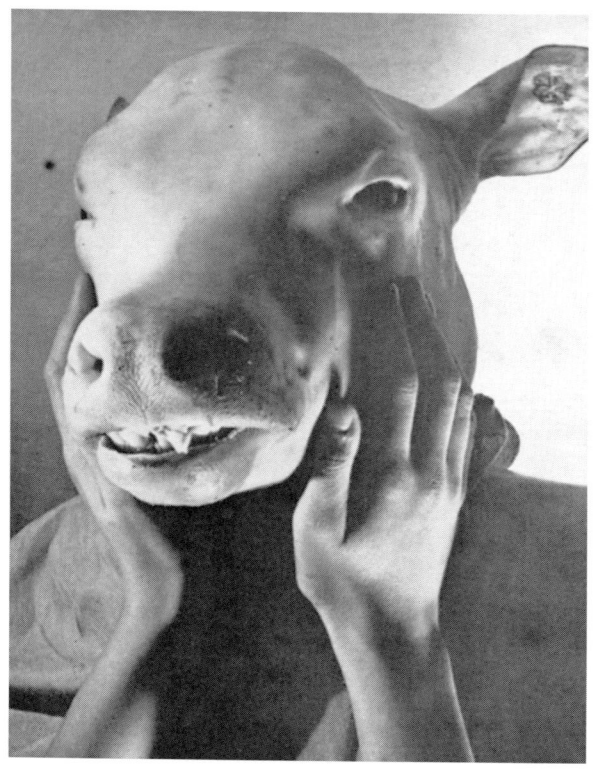

アーウィン・ブルメンフェルド《ミノタウロス》

太陽神ラー・ホルアクティ，
スタッコ剤で描かれた木碑の一部分。ルーヴル美術館，パリ

J. J. グランヴィルの描くモンスター

ルネ・マグリット《共同の発明》1935年
さてここに、人間の肉体と魚という2つの異なる要素を融合した例がある。しかしこれは、ある慣例を正確に逆転させたものだ。失敗のセイレーンだろうか？

人間化された動物，あるいは動物の頭をもつ人間。
J. J. グランヴィルのデッサン

素晴らしき哉，重量挙げ選手

　ファンタジアのもう一つの側面に，対象の重さを変える場合がある。
　われわれは今，曲馬団一座のサーカスにいる。照明がつき，リンク中央には世界でもっとも有名な重量挙げ選手がいる。黒のタイツに黒のスポーツシューズを履いた彼は，これから持ち上げるバーベルのそばに立っている。バーベルは赤いカーペットの上に置かれ，バーは丸型の鉄の棒，その両端にはまるでスイカのような鉄球がついている。
　さて曲芸師は観客にニコッとし，手を振って挨拶をする。そしてバーベルを握ろうと屈みこむ。ドラムの長いローリングが会場に響きわたり，と突然，重量挙げ選手は一瞬のうちにバーベルを胸の高さまで持ち上げる。バーベルは胸部で支えたままである。沈黙が続くなか，彼はバーベルをもっと高く持ち上げようとする。顔は真っ赤に，筋肉はブルブル震え，バーベルは上がっていく。ようやく鼻の辺りまで上がった。そうしてゆっくり，うんと力を込めて，もっと高く持ち上げる。なんと！　バーベルは彼の頭上を越えた。その瞬間，重量挙げ選手は微動だにせず，腕はピンと高く伸び，視線は頂点を見つめている。観客も彼も張りつめた緊張の中にいる，とその時。おや？　曲芸師の足が宙に浮いているではないか！　バーベルを頭上に掲げたまま曲芸師が高く上がっていく。ゆっくり，ゆっくりと。そしてついには，小屋の丸天井の暗闇に消えてしまった。

ルネ・マグリット《ピレネーの城》1961 年
重量の変化の一例：空中に不動の岩塊，その下には海
が波立っている。

シャヴァルのデッサン

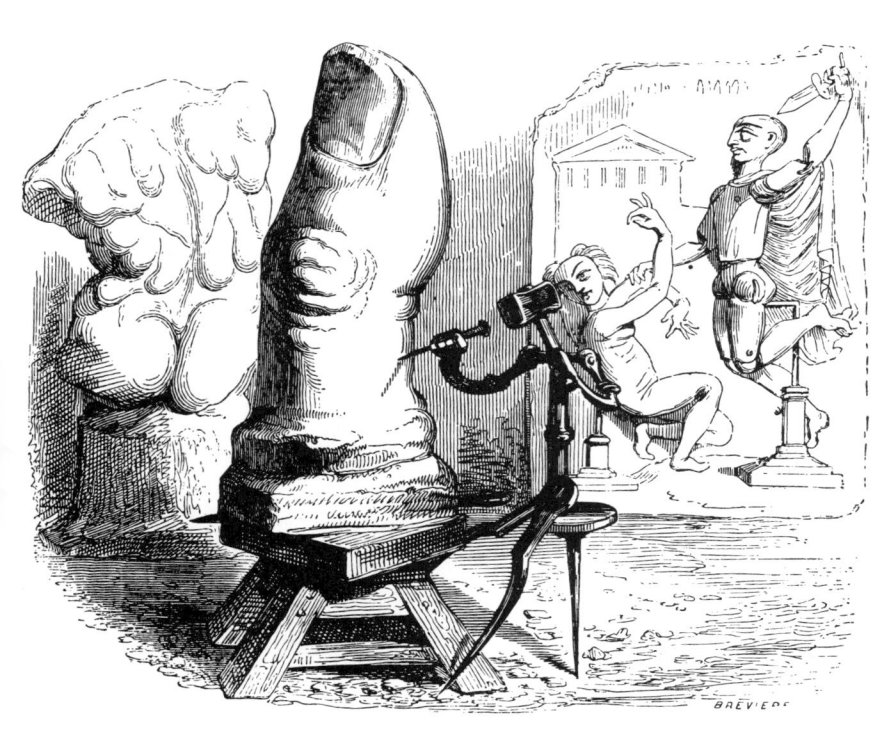

不思議な彫刻家，J. J. グランヴィルのデッサン，1830 年頃

関係の中の関係

これまでの章でわたしは、ファンタジア、発明、創造力を組み合わせた場合に起こりうるいくつかの基本的なケースに焦点をあてるよう試みた。まだ他にもあるかもしれないし、私の指摘に間違いがあるかもしれない。ただわたしは、このような人間の能力がどのように働いているかを、理解できるか(つまり説明できるか)検討しようと試みたまでだ。もしどなたか、このことについて考察し、わたしを訂正してくれるなら、これは大変な恩恵となる。ありがとう。それはわたしの理解だけでなく、みんなの理解をも助けることになるのだから。

さてそれでは、ファンタジア、発明、創造力の機能についてもう一つ、より複合的なケースを挙げるとしよう。それは、関係の中の関係である。

先に見た基本的なケースに、現実の要素を非現実のものと組み合わせたり、置き換えたりする場合があった。例えば、青いネコ、高速のカメ、ずしりと重いチョウ、プールの奥底に置かれたソファなどがそうだ。そこで、すでに組み合わされたこれらのケースを、さらに組み合わせたらどうなるだろう。より複合的な結果が得られるのではないだろうか。例:ある一匹の青いネコ(これは色の変換のみ)がいる。このネコ、どこかに括りつけておかないとフワフワ飛んでいってしまうほど軽く(重さの変換)、全長20メートル(大きさの交換)、メラメラと燃え立つ炎のなか(場所の変換)動き回っている云々。こんなふうにして私は、奇妙な感覚を引き起こすような複合的な状況へ到達できる。

もちろん、これがすべての組み合わせというわけではない。ここでは受け手の感覚に働きかけるような類のヴァリエーションや組み合わせを適応していない。ならばこの有名な青いネコ、超軽量、全長20メートル、火の中を歩いて吠えるこのネコが、カチコチに凍っていて、パチュリの甘い香りを発しているとしたらどうだろう。

新作のSF映画の主人公になんていいかもしれない。

もし事を複雑にしたいなら,文化や教養にかかわる構成要素がある。この例に,マン・レイのよく考えられた写真《アングルのヴァイオリン》がある（67ページ参照）。この写真は,女性の背中に2つのF字孔を描き加えたことで現われる,背面とヴァイオリンのパラレルな関係からのみ生まれるのではない。アングルがヴァイオリンを弾いていたことを知っているかどうかもこのような写真を制作する一要素となっているのだ。

これまで挙げてきたファンタジアの例は,創造力に溢れ,ファンタジア豊かな発明家に一瞬にして成り変わるための処方箋ではない。絵具が油絵を描くのではないし,デュシャンの言葉を借りれば「糊がコラージュをつくるのではない」のだ。

ファンタジアの働きについて,基本的なケースと複合的なケースを分析することは,ファンタジアのメカニズムや道具,そのやり方を理解するのに役立つはずである。その上で,ファンタジアを完全に使いこなすために必要となることは,文化や教養をもって丹念に作業を進め,ある規則をもたせることである。この規則もまたつくりだされたものであるが,伝達可能でなければならない。そうでないと,単なる個人的な訓練となり,他の人に伝えることができないなら,それはせいぜい実験や研究の助けで終わってしまう。

ラファエッロから絵筆を盗んでも,偉大な画家にはなれないのだ。

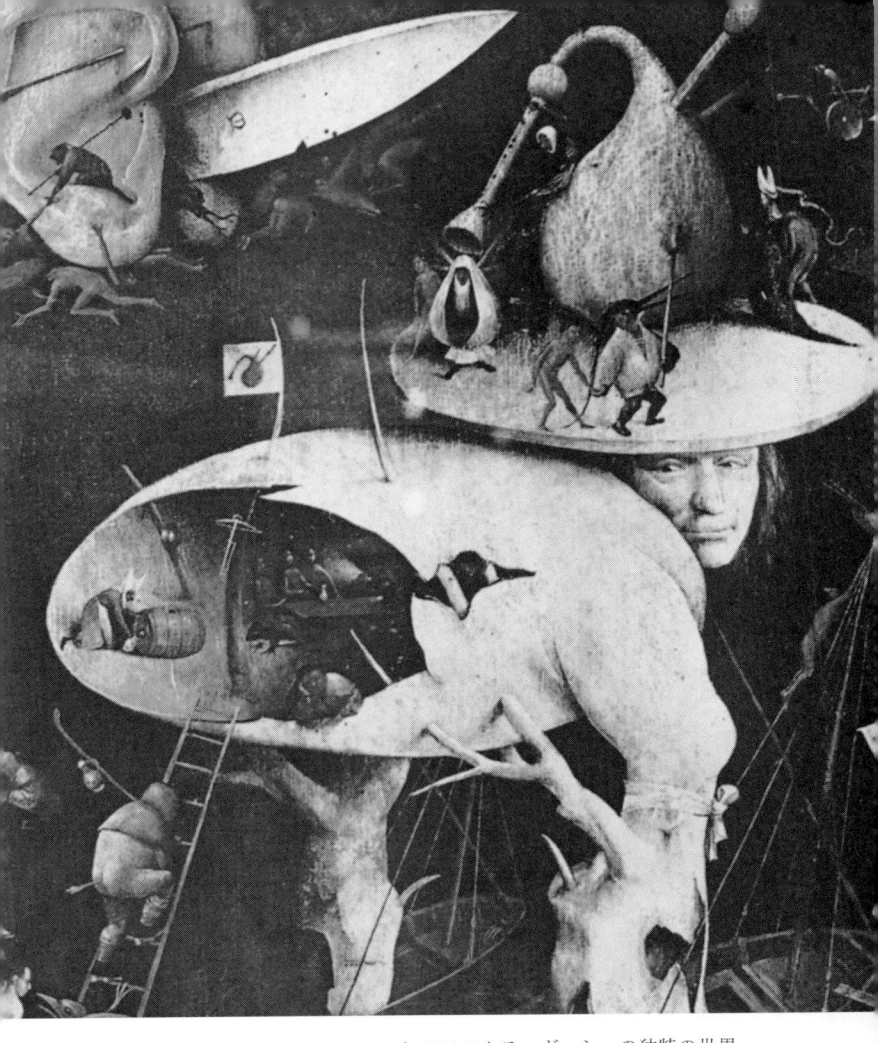

ヒエロニムス・ボッシュの独特の世界
《悦楽の園》プラド美術館　マドリッド

子供が覚えるすべての事柄は，その先ずっと記憶にとどまり続け，彼の人格を形成することとなる。大人が与える情報は子供の理解をうながし，他者とクリエイティヴな関係を築きながら生きていけるよう助ける。とすれば彼の人格形成がどうなるかは，情報を与えるわれわれ大人にかかっているのだ。

創造力を刺激する

　ファンタジアと発明を利用する方法である創造力は，形成されては絶えず変化しつづける。この創造力は機敏で柔軟な知性を必要とする。つまり，いかなる種類の先入観からも解放された精神，どんな場合にも自分のためになることなら何でも学びとろうとする精神，より適切な意見に出会ったならば自分の意見を修正できるような精神を必要とするのである。

　したがって，創造力のある個人とは，絶え間なく進化しつづけるのであり，その創造力の可能性は，あらゆる分野において，絶えず新しい知識を取り入れ，そして知識を広げ続けることから生まれる。

　創造力を欠いた人とは不完全な人であり，そういった人の考え方では，目の前に立ちはだかるさまざまな問題に立ち向かえず，おそらくいつも創造力のある誰かに助けを求めなければならないだろう。

　実験や研究でも，目的なく行う場合に必要な技術力は，創造力を発達させる手助けとなる。これら2つの活動は一貫性のある方法でなされなければならない。そうでないと単に部分的なデータを得るだけで，あらゆる有効な可能性を検討したと確信することはできない。

　創造力を欠いた人は，人生で避けて通ることのできないさまざまな変化にうまく適応できない。例えば，多くの親が自分の子供を理解できなくなってしまうのがそうだ。

　創造のある人は，常に共同体から文化を受け取り，そして与え，共同体とともに成長する。創造力のない人は，だいたい個人主義者で，頑なに自分の意見を他の個人主義者のそれと対立させようとする。

　個人的問題よりも社会的問題に従事するほうがずっと正しい。社会的問題は集合体に関わるものであり，集合体とは個人が存在するかぎり，これまでも，そしてこれからも存在しつづける。集合体の文化的成長は，個人としてのわれわれに，つまり，われわれが集合体に与えるものにかかっている。われわれは集合体そのものなのだ。

　未来の社会はすでに私たちの中に，つまり子供たちの中にある。ど

のように子供が成長し，どのように人格を形成していくのか，それ次第で少なからず自由で創造力のある未来の社会を思い描くことができる。したがって，われわれはあらゆる条件付けから子供を解放し，成長の手助けをせねばならない。集合体の成長を促すためにも，それぞれの個性を発達させねばならないのである。

幼年期には，四方八方から押さえ付けられたり，自分のものではない枠に押し込められたり，なにかのモデルをマネするように仕向けられるべきではない。創造力から生まれ出るあらゆる行動の可能性を消し去るやり方で，もっとも広まっているものに，この年代の子供に対し，例えば全員が同じテーマ，全員が同じ道具，サインペンかテンペラ絵具で絵を描かせるというのがある。おそらく他の国の幼稚園や小学校でも，視覚芸術で自己表現する際の手段としては，絵画か彫刻しか考えないのではないだろうか。だから子供に，絵筆とテンペラ絵具，あるいは立体の作業には粘土やその他造形材料を与える。そして，大体の場合，技術的な説明は一切せずに，子供たちの好きなようにやらせ，助け舟も出さず放ったらかしにし，子供たちだけでやらせておく。多くの先生や保育士は次のように言う。「私たちは子供たちを完全に自由にさせて，彼らのやりたいことをやらせています。絵具や粘土を与えれば，子供たちは自由に表現するのです」。しかしながら，創造力を刺激する遊びを通じて子供の知識が広げられないと，すでに知っている事柄同士の関係を築くことはできない。仮に関係を築くことができたとしても，それは非常に限定された方法でなされたにすぎず，それでは子供のファンタジアを発達させるに至らない。多くの国の多くの子供が同じような絵を描く。世界中どこの国の子供も，草むらや家，山や木，太陽など，見ているもの，知っているもの，認識しているものを描く。家や木の形に変化はあるかもしれないが，主題は大概こういったものである。もし成長する際に手助けされないとなると，大人になっても趣味の時間に同じものを同じ方法で描くことになってしまう。

つまり，創造力は刺激されねばならないのである。さて一体どのように？　それには遊びを発明する必要がある。その遊びのなかで常に新しいことを学び，新しい技術を習得し，視覚言語の規則を理解することが重要なのだ。どんなデザインにもメッセージがある。もしデザインが視覚言語の規則にのっとって創られないならば，そのメッセージは受け取られない。そうなるとヴィジュアル・コミュニケーションどころかコミュニケーションもないことになる。

　規則とはなにか，どのように機能するのかを理解させるには，子供自身に規則を説明させればいい。子供たちが発明し，遊びのなかで使っている規則ならどんな規則でも構わない。例えばこう尋ねてみる。チョークで地面に鐘（カンパナ）のような絵を描いて，その絵を奇数のマスに分割して，絵のマスのなかに石を投げる遊びをなんという？　すぐさま子供たちは答えてこの遊びのルールを説明するだろう。——石ころを投げて，線を踏まないように絵のなかにジャンプするんだよ。……そう，これが石蹴り（モンドともいう）遊びのルールなのだ。では，植物の生長の規則はどんなものだろう。木はどのように生長するのだろうか。

とりわけ必要とされるのは，美意識についての広汎な教えでもなければ，芸術教育についての数限りない秘教的手引書でもない。そうではなく，視覚的思考のための確固たる戦いこそが必要なのだ。これは一般的な事柄に基づいて展開されねばならない。この戦いをまず理論上で理解できれば，現在の合理的思考力にかかわる教育を伝染病のように蝕んでいる欠陥部分を補い治癒する実践へと移すことができる。
——ルドルフ・アルンハイム『視覚的思考』（エイナウディ社，トリノ，1974年）

　またこんなのも試してみてはどうだろうか。子供たちに紙切れを自由に使わせる。これもいつもの通り遊びの一環として行う。紙の形や大きさはさまざまにあったほうがよい。10 × 140cm の長方形の紙（100 × 140 cm の包装紙から取る）を用意する。四角形，三角形，楕

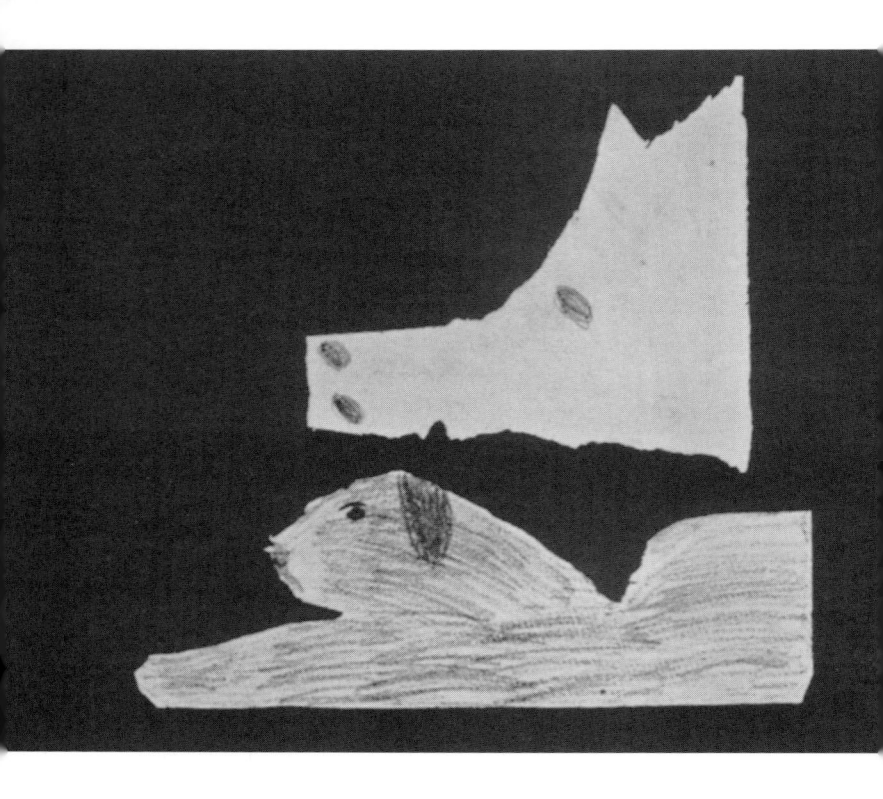

円形, 不定形, ひし形の紙, ちぎったり破ったりしてできたおかしな形の紙。大きかったり, 特大だったり, 小さかったり, 極小だったりする紙。これらさまざまな形の紙はどれも, 子供のいるその場で切ったものである。説明の必要はない。ただ子供たちに好きな紙を選び, 絵を描いたり, 色を塗るようにいう。何を用いてもいいし, 紙の形から思いつくものを描くようにいえばいいのである。実際にイタリアやその他の国で行った経験からすると, この訓練は普段とは違うイメージを生みだすよう大いに刺激するようだ。じつに多くの先生がその結果に驚いており, これまで決して絵を描こうとしなかった子供が, 仲間の熱中ぶりを見て, 絵を描いてみたいと思うようになったケースもある。

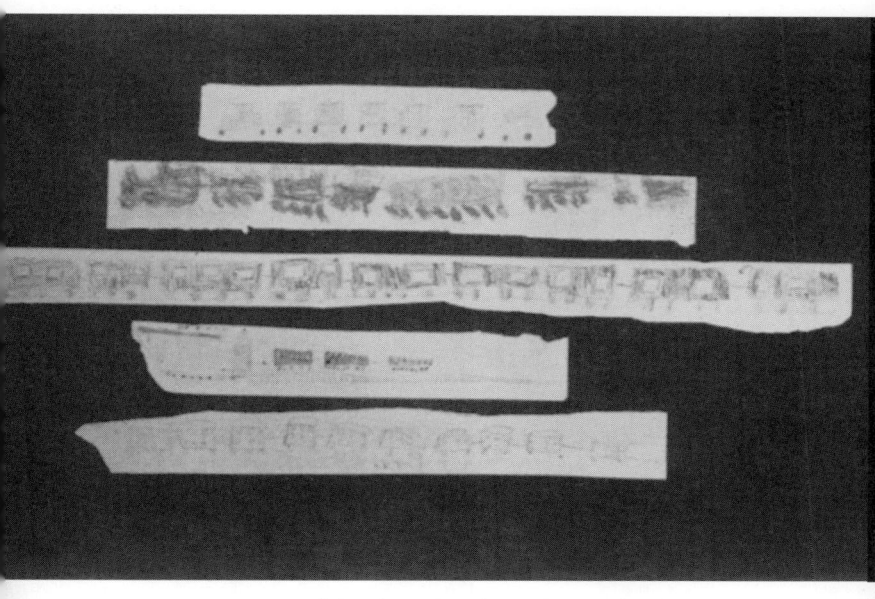

6歳と7歳の子供が描いた絵。この絵の主題は、じつにさまざまにある多くのかたちや大きさの紙の中から、自発的に選んだ紙をよく観察したことで引き出された。
写真：ブルーノ・ネンチョーニ

　実際に、細長い紙を水平に置いて眺めたらどんなものが頭に思い浮かぶか、だいたいの察しはつくだろう。ヘビ、自動車レース、電車、街路樹、潜水艦等々である。今度は、この細くて長い紙を垂直にして眺めると、その結果得られるイメージは、ミサイル、塔、超高層ビル等々となる。断言してもいい、子供たちが自分で選んだ紙にどんな絵を描こうか考える姿を注視する時、彼らの表情から創造力やファンタジアがまさしくその瞬間生まれ出るのを目撃したように思えてくる。

　4歳、5歳、6歳の少年少女たちは、ふだん学校で使うなんの変哲もない紙の上には決して描かないような絵を描いた。

　こういった問題に従事したいと考えている先生は（そうした人が今後増えることを私は期待しているのだが）、日頃より新しい技術を、

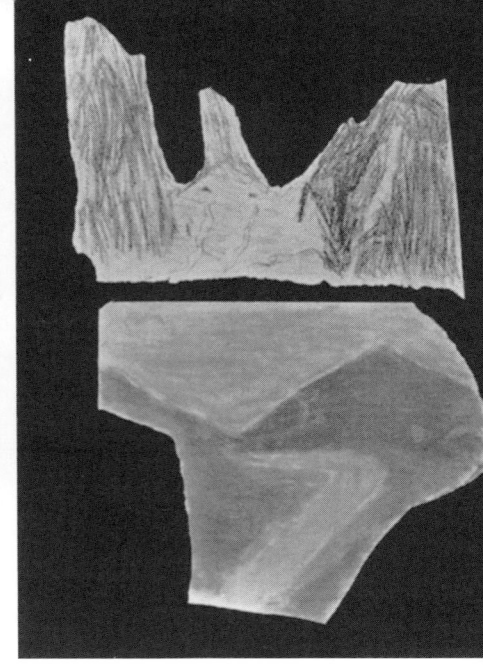

それが昔の技術であろうと現代の技術であろうと，必ず遊びの形式で子供に見せていくべきだろう。テンペラ画法から始まり，水彩画法，版画，エッチング，スプレー画法，水にぬらした画用紙でのお絵描き，薄葉紙のコラージュ，ボール紙のコラージュ，新聞紙のコラージュ，澱粉糊や水性糊，スポンジや切手を使用した色彩効果，モノタイプ，フローティング・カラー法，何かの素材の映写，紙製のモザイク，砂絵，コンポジションといったものまで。

立体的，構築的に作る分野では，2次元の平らな紙を3次元の何かに変化させることから始めてみてはどうだろう。日本では子供たちにオリガミを教える。オリガミでは一枚の紙を繰り返し折りたたんで，何らかの物体，または動物，花といった形を作る。この訓練は，例えば子供に精確さを教えるのに役立つ。鉄線，ボール紙でできた筒，プ

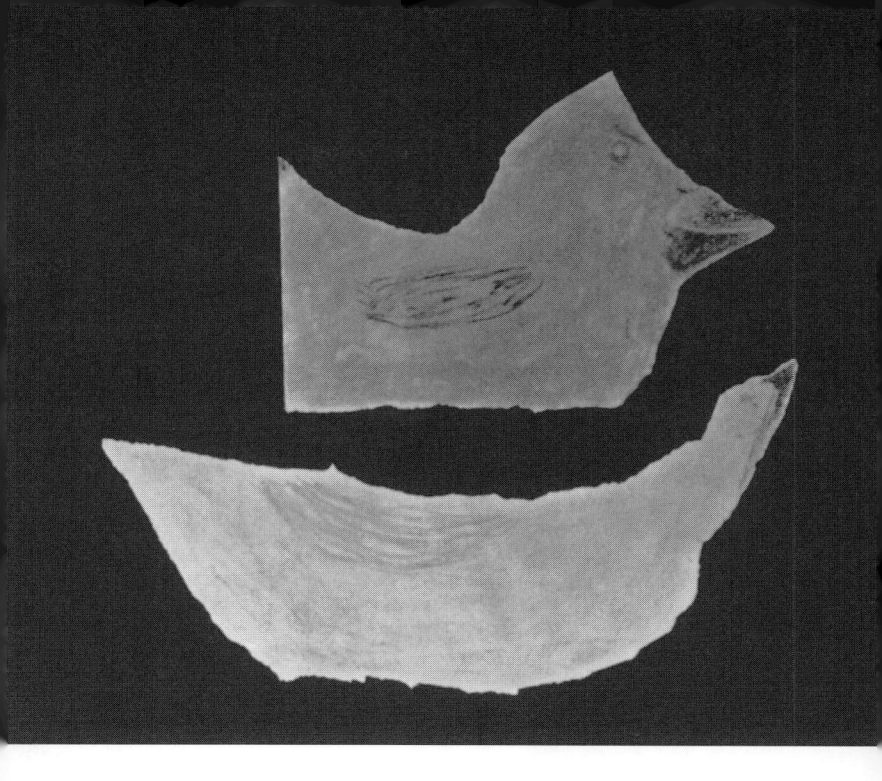

ラスチック材，箱，卵の入っていた紙箱，自宅に何か持ち帰るたびに包み紙として使ったもの，われわれが毎日のように捨てているもの，これらを利用して構築的に何かを作ることもできるだろう。多くの先生はその扱い方を知っている。しかし，子供たちに教える場合は一回に一つずつ与え，そのつど素材の性質，技術的な特徴，使い方，何とならくっ着くのかというように，規則を教え，それぞれの扱いにくい点を説明しなければならない。その上で子供たちに作らせるのだが，その際，決してテーマを与えてはいけない。

　もしどのように扱えばいいのか，その術を知らない場合には，デコレーターやショーウィンドウ・デザイナーの友人を招いて，子供と先生の両方に視覚教育や企画力を育む方法について説明してもらってもいいかもしれない。

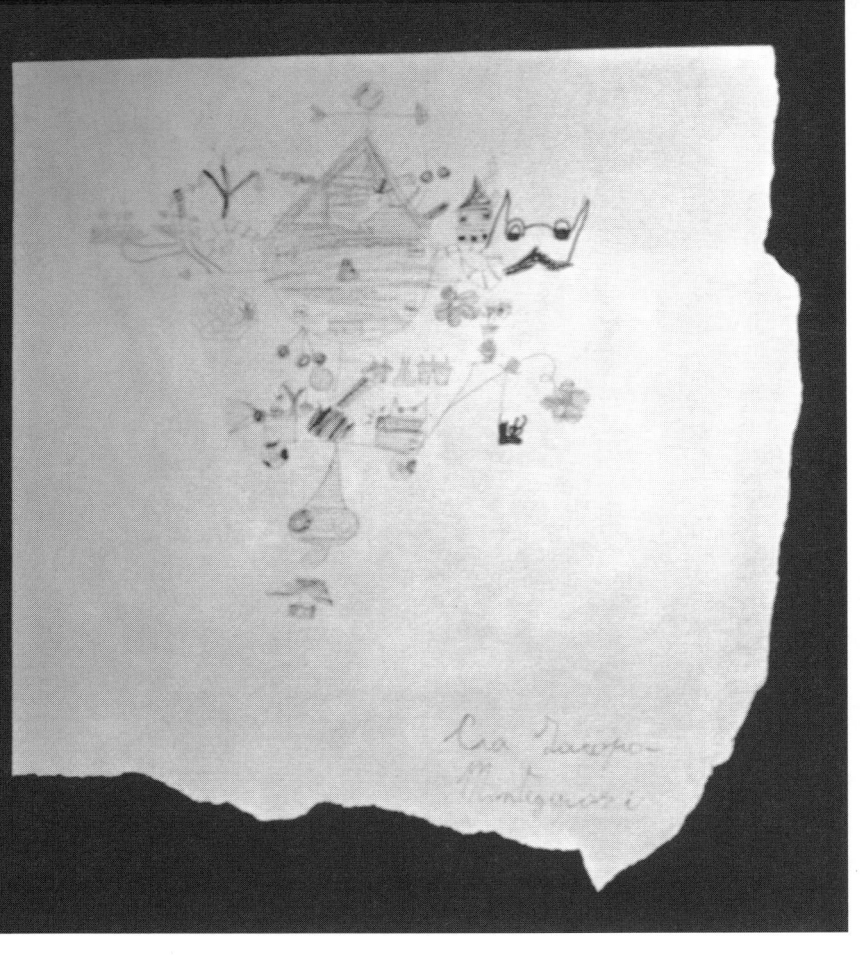

突飛なデッサン。カマイオーレ市の子供が描いた。突飛なデッサンは安定した形式にまとまらない，柔軟な思考を維持するのに効果的な一つの技術である。子供が絵を描く間，絶えずその意味は変化している。

ダイレクト・プロジェクション

　子供たちの興味を引くような最新の技術の一つに，素材をダイレクトにプロジェクターで映写するという方法がある。用意するのは固定式のスライドプロジェクターとスライドマウントだけ。どちらも安価なものでいい。この技術はすばやく思考に働きかけるので，たちまち子供の興味を引くだろう。色鉛筆やパステルで，1枚の絵を完成させるにはかなりの時間を要するが，この技術なら子供たちの作業がすぐに，しかも大きく明るく映し出され見ることができる。もし気に入らなかったら，マウントを開いて中身を交換し，すぐにその変化を見ることもできる。子供はスライドに小さな羽根を入れたと知っていても，ひとたび映写されると，巨大な木と見るのだ！　タマネギの皮からはとても興味深い結果を得られるし，ガーゼの切れ端をプロジェクター

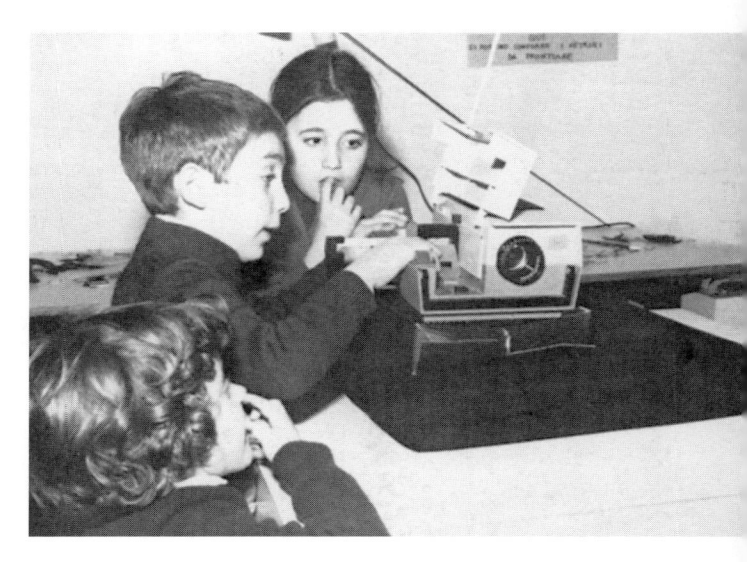

色のついた透明な素材を使用し，自分で作ったイメージを映写して遊ぶ子供たち。

に通したなら漁の網にみえる。どんな素材にもファンタジアへのヒントがつまっており，新しいイメージを生み出す。最初の結果は偶然によるところが大きい。子供になんでもいいから素材を一つ選ばせる。そしてどんなものが映し出されるか考えずにスライドに入れさせ，部屋の白い壁か天井に，もしあるならスクリーンにプロジェクターで映写する。このような方法なら全員が参加できるし，お絵描きだと失敗を恐れてやりたがらない子供も参加できる。これは遊びなのだからといえば，劣等感もなくなる。そうしてでできあがったスライドを，みんなで一緒に検討する。部屋を暗くして，できるだけ像を大きく映し出し，画を見ながら思いついたことを全員で自由に発言しあう。こうした訓練の後には，子供たちはこの技術によって得られた効果を意図的に活用しはじめるだろう。

それでは，どのようにこの実験を子供たちに説明すればいいのだろうか。

この具体例は他のあらゆる技術を説明する場合にも有効である。もちろん，その時々に応じて適切な変更が必要となるだろうが。

ある日先生がプロジェクターを持って教室にやってくる。箱を開け，プロジェクターの覆いを開いて，内部がどのようになっているのかを見せる。できるかぎり開いて見せよう。そして機能を説明する。なかを見せるために取り外した部品をもとに戻して，覆いを閉じ，机の上にプロジェクターを置く。電源を入れると光のスジが白い壁に投影される。もしプロジェクターが扱いやすい小型のものなら，先生は手にもって，照明のように天井や壁に光線を投影してみよう。そして小箱を開け，スライド用のマウントを取り出す。自由に開閉でき，ガラス板が両面に付いているものだ。ポケットからスライド用写真を1枚取り出し（何枚か用意しておく。風景写真かなにかでいい），マウントに入れてパチンと閉じる。この時，どこを指で押せば閉まるのかよく見せる。プロジェクターにスライドを入れたら，操作の方法を充分に

説明する。そして映写。焦点の合わせ方を説明し，どのようにスライドを交換するかを見せる。時間次第で1枚でも2枚でも見せられる分だけ映写する。質問，疑問を引き出しながら子供たちと対話し，技術的な質問にはきちんと答えよう。

　後日，先生はどんなタイプのカメラでもいいので用意する。自分のでも子供の親から借りたのでもいい。ただしプロジェクターと同じフォーマットのポジフィルムが使えるカメラがいいだろう。このカメラで写真を撮るように子供たちをうながす。物でも人でも，動物でも風景でも，なんでもいい。最低でも1人1枚ずつカラー写真を撮れるといいだろう。

　また別の日，子供たちが撮影したカラー写真をスライド上映する。どの子供も，仲間がどんなものをどのように撮影したのかわかるし，どんなふうに仕上がったのかも見ることができる。そこで技術的なデータについて話し合う。その時決して価値判断を与えてはいけない。これは競争心を生み出したり，マネをしようと思わせないためである。フレーミングを分析しあい，写真の背景となる主題の後ろにあるものを観察したり，光や逆光についても話し合うことができるだろう。そうすればどの子供も夢中になり，次回はもっといい写真を撮るようになる。

　さらに別の日，ふたたびプロジェクターを用意する。しかし今回は映写用のスライドは要らない。スライドを使わずに，プロジェクターで何ができるか子供に質問してみよう。スイッチを入れ，さまざまな角度から手で光線を遮ってみる。なかなか興味深い影ができるだろう。グラスや刻印入りのガラスの灰皿といった透明な物体を置いてみる。それらで光線を遮りさまざまに回転させると，光の筋が入った影を見ることができるだろう。

　用務員のおじさんの所に子供を遣いにやり，羽根はたきを借りてこさせる。羽根はたきが届いたら，先生は羽根をひとつまみ抜いてマウントの中に入れる。プロジェクターにセットし映写すれば，1枚の羽

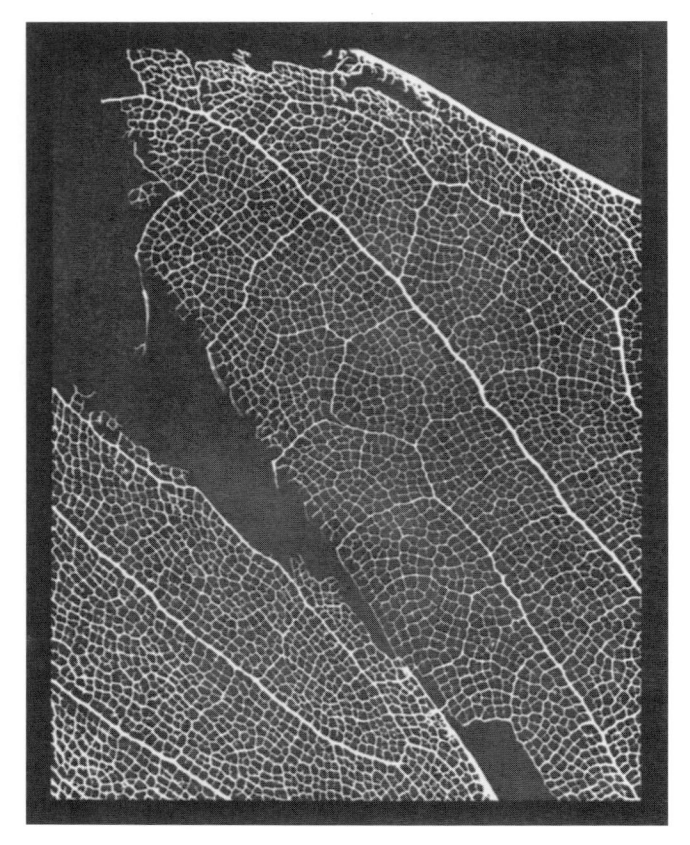

葉の葉脈

根がどのようにできているかをつぶさに見ることができる。まるで木かなにかのようだ。今度は別のマウントに、色のついた紙を入れて映写する。色は映し出されない。そこでいくつか試してみる。そうすると、どんな素材でも透き通ったものであれば、その色まで映し出されることが発見できる。つまり不透明なものは常に黒い影しか映し出さないとわかる。

　みんなで話し合い、次の日に各人が少しずつ素材となるようなものを持ってくることにする。さてどんなものが映し出されるだろうか。

タマネギの皮

　ちょっとしたリストを作ってみる。例えば：タマネギかニンニクの皮，花びら，脱脂綿，ガーゼ，ロウ，毛糸，木綿糸，透明なカラーセロファン，古くなったか，撮り損じた白黒フィルム……等々。

　後日，子供たちが持参した素材を回収して検証する。素材は小さくても充分。もちろん先生も何かしら持参せねばならない。例えば，文房具屋で売っているカラーセロファン，枯れた葉の葉脈，ベール，ワックスペーパー等々。どの素材もうまく映し出せるかどうか，役に立つかどうか，それぞれ確かめる必要がある。先生は各素材の一部をマ

それぞれの素材がそれぞれの構造をみせている。

ウントに入れ，単に確かめる目的で映写する。集めた素材をもとに，次回用意すべき素材のリストを作成してもいい。

　次の日，持ってきた素材すべてをいろいろに組み合わせて映写してみよう。これは楽しい。素材だけで映しても，他の物と一緒に映しても構わない。ただし，詰め込み過ぎには気をつけよう。あまりたくさんの物を一緒に入れると何がなんだかわからなくなるし，マウントもぷっくりしてプロジェクターに入れにくくなり，壊れる原因にもなる。みんなの機材なのだから壊さないように心掛けよう。そうすれば自由に好きなことができる。どの子供も自分でスライドを作り，自分で実験する。気に入らないものは却下し，同じマウントでもう一度作り直し，気に入ったものができあがるまで何度でもやってみる。先生はできあがったスライドを全て回収する。少なくとも1人1枚は仕上げよ

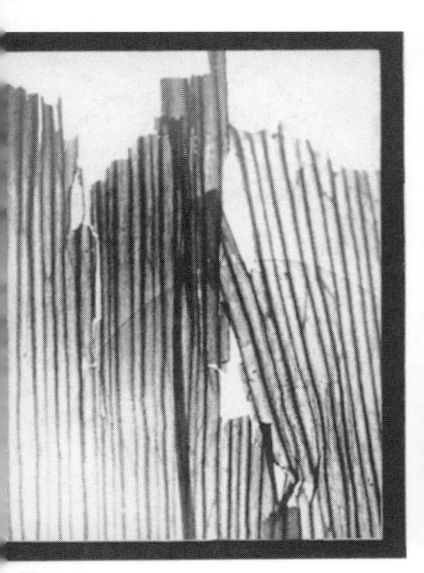

う。そして世界でここだけの上映会が始まる。それぞれ映写されたイメージについて，その作者はどのようにして作ったのか，特徴的な部分，新しい部分，変な部分などがあれば説明しなければならない。映写しながら説明するので，子供たちは作ったイメージに声を与えることになる。

　最後にみんなで話し合い，おおまかにでも，それらのイメージで何ができるか，こうした映写をどのように利用できるかというような問題提起をする。さて，一体どんな風に？　それはこれからわかる。

　後日，先生は泡やカラーインクをプロジェクターに通したらどんな結果が得られるか試してみようと提案する。石鹸にカラーインクを一雫たらし，指で泡立てる。色つきの泡ができたらスライドの上にのせ，映写する。どの子供も1色，あるいは数色のインクを選ぶ（実際には

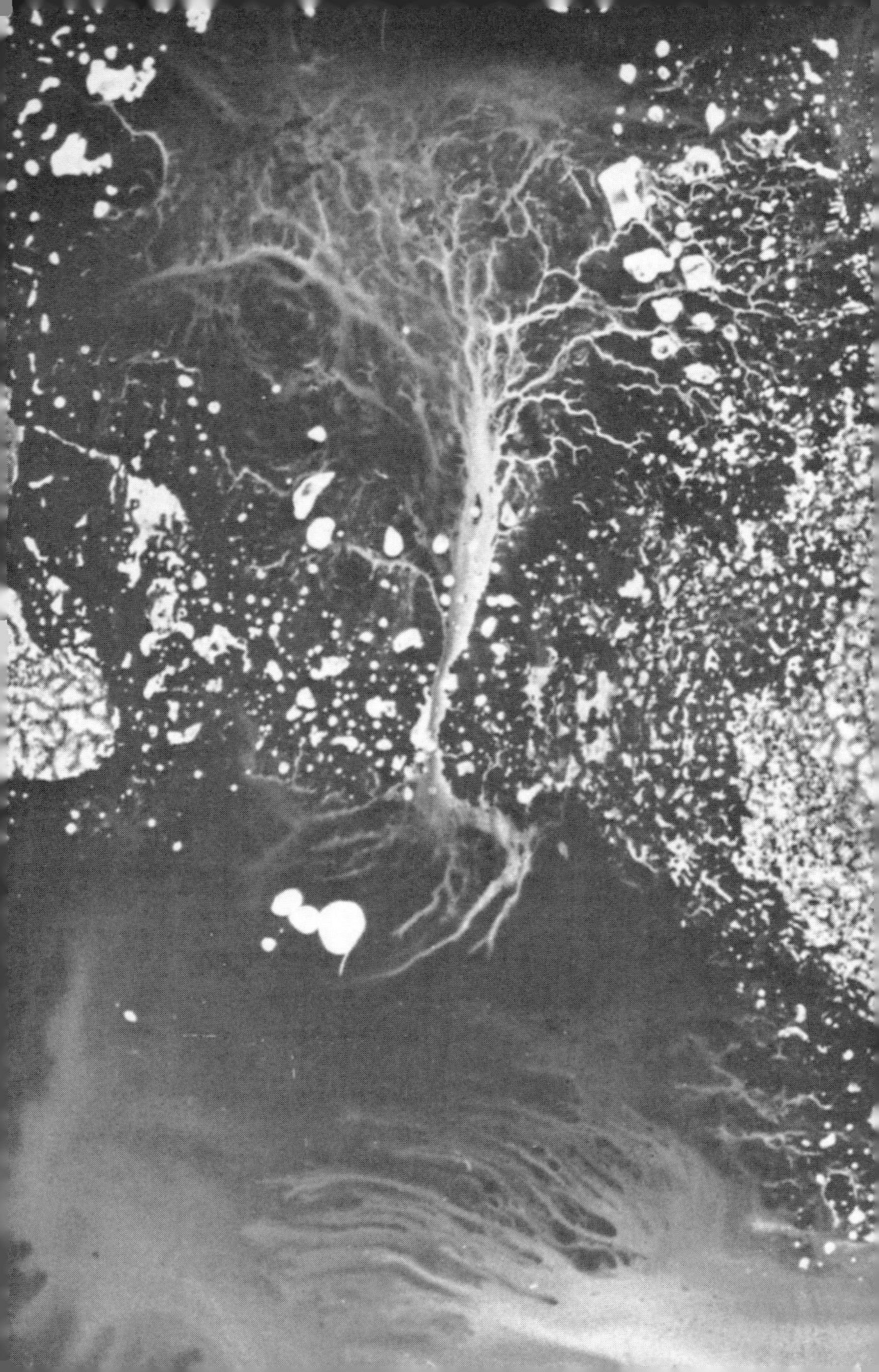

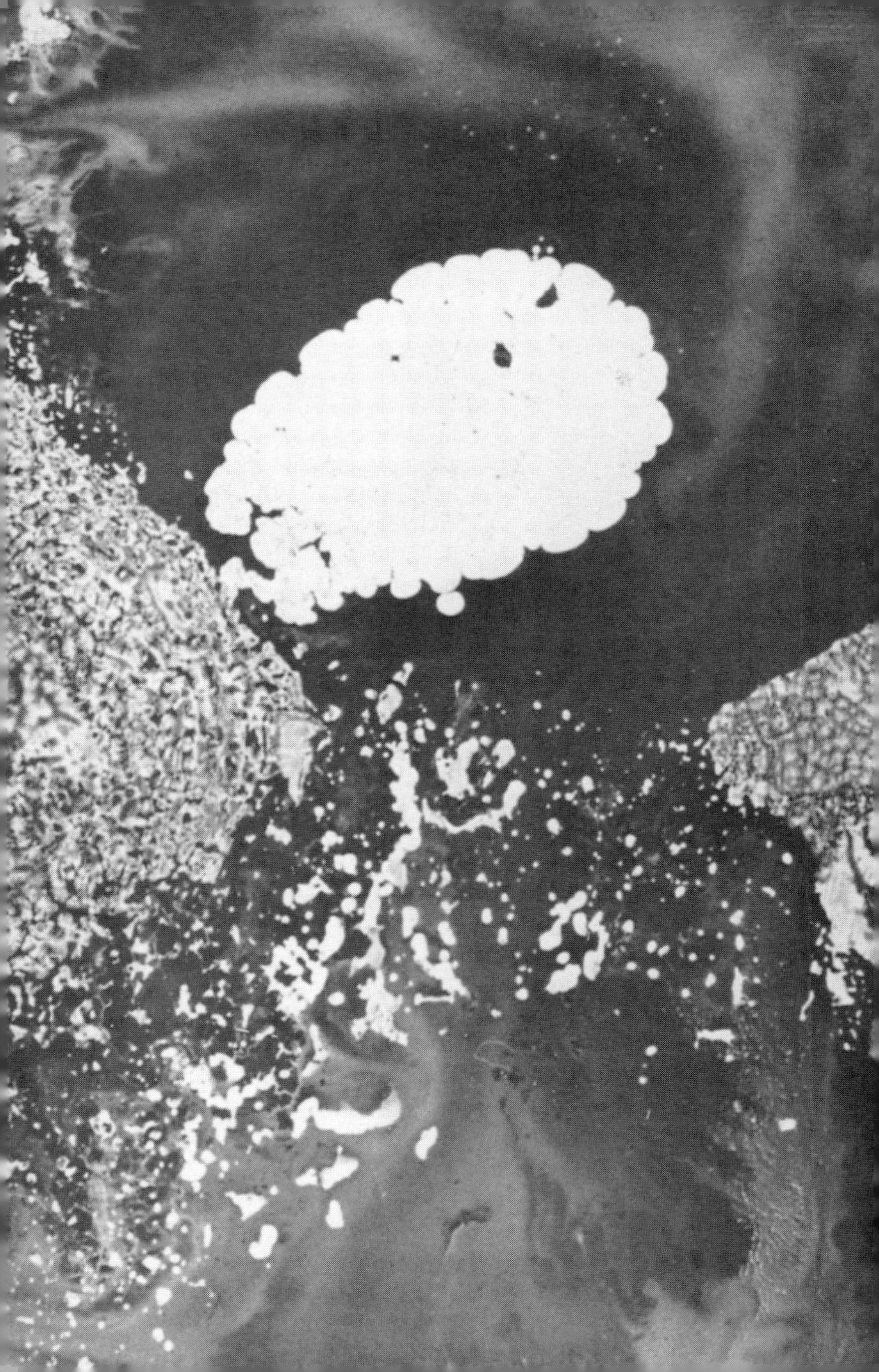

主要な3色, クール・ブルー, レモン・イエロー, ディープ・レッドを用意すれば充分。この3色だけでどんな色でも作ることができる)。少量の泡を作り, スライドの上にのせ, 映し出そう。この結果は大きく拡大して映し出してもよい。なぜなら自然の構造はどんな大きさでも美しいものだからである。ところが, 筆で描いた絵をスライドにのせて映写してもこれはうまくない (実際, その絵は紙の上に描かれているのだから)。自然のかたちは, たとえ切られたり引きちぎられていても, その独特の構造を見せてくれる。例えば葉の葉脈, 薄く切った発砲スチロール, 引きちぎったワックスペーパー, 小さく切った網など。

> 前頁:カラーインクで作ったスライドを拡大して映写して得られた結果。スライドはマリオ・デ・ビアジが作った。彼は著名な写真家である以上に, 単純な方法でイメージを創り上げるという新たな可能性を探る実験家でもある。

　また別の日には, これまでに得られた結果を全て組み合わせてやってみてもいい。例えば, 色つきの泡を, ガーゼやコットン, ベールやセロファン, ロウと一緒に映写してみる。ロウソクを一つとり, スライドにアルファベットか何かの文字を書き, 映し出してみる。最終的には相当数のスライドができあがることになるだろうから, 先生は選びながら集めよう。

　後日, 先生は問題を出す。「みなさん, たくさんのスライドを作りましたね。これを使って何をしましょう？　どのように使ったらいいと思いますか？」そこで試しに, スライドにある連なりをもたせて順に並べてみる。イメージの連なりの順でも, 色順でも, 素材順でも, 読み取れる意味の順にでもいい。なにかの会で発表できるようなスト

ーリーを組み立てられるかどうか考える。いくつか試してみた後，発表しよう，と決まる。しかしどうやって？ できあがったスライドの中に，海や森，世界地図や高い場所から撮られた風景というような背景になりうるものがある。そこで作業過程の計画を立てよう。発表す

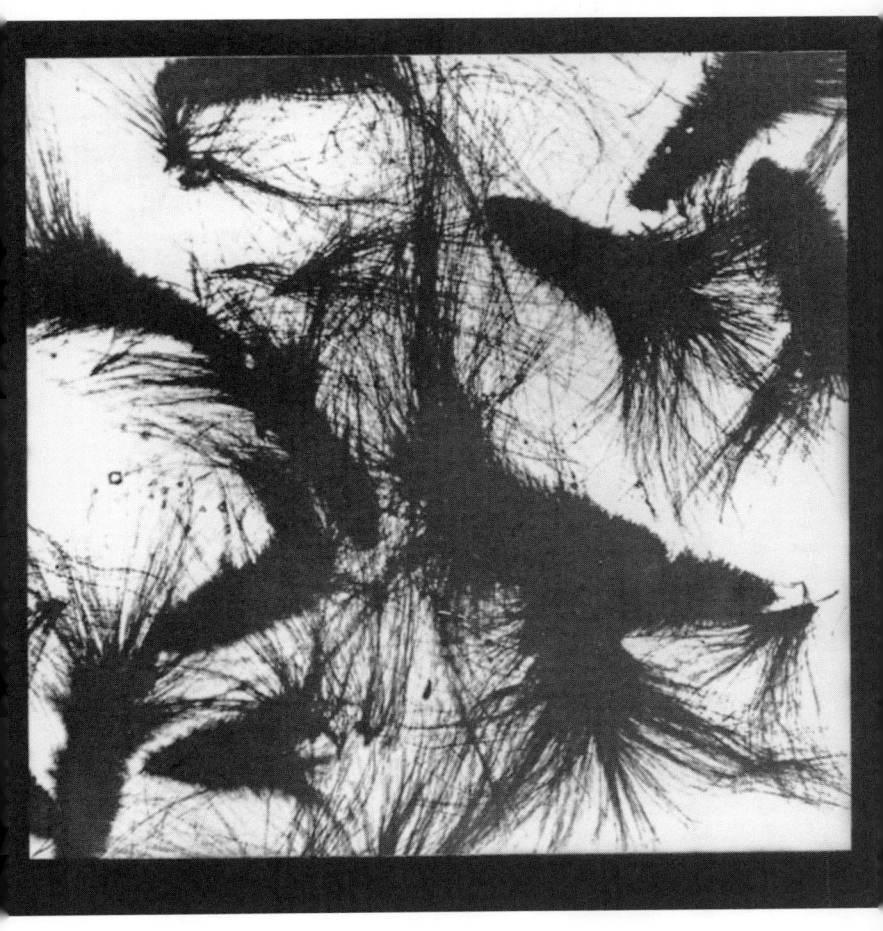

植物の小さな種子

るには，ある背景にスライドを重ねて映写し，背景の手前でアクションをするほうがいいだろうか？

　映写するには，光沢紙（建築家やエンジニアがよく使う紙）をスクリーンにして光をその後方から当てるといい。作業ごとにグループ分けをし，計画を立てよう。背景は光沢紙でいいとして，大きさは150×200cm ぐらい。部屋の端から端に水平に糸を張り，床から10cm 程度の余裕をもたせて吊り下げよう。後方より光を当て，正面からはっきり画像が見えるようにし，背景の前方でアクションを行う。まるで干してあるシーツの前で行うみたいだ。すべてのイメージを好

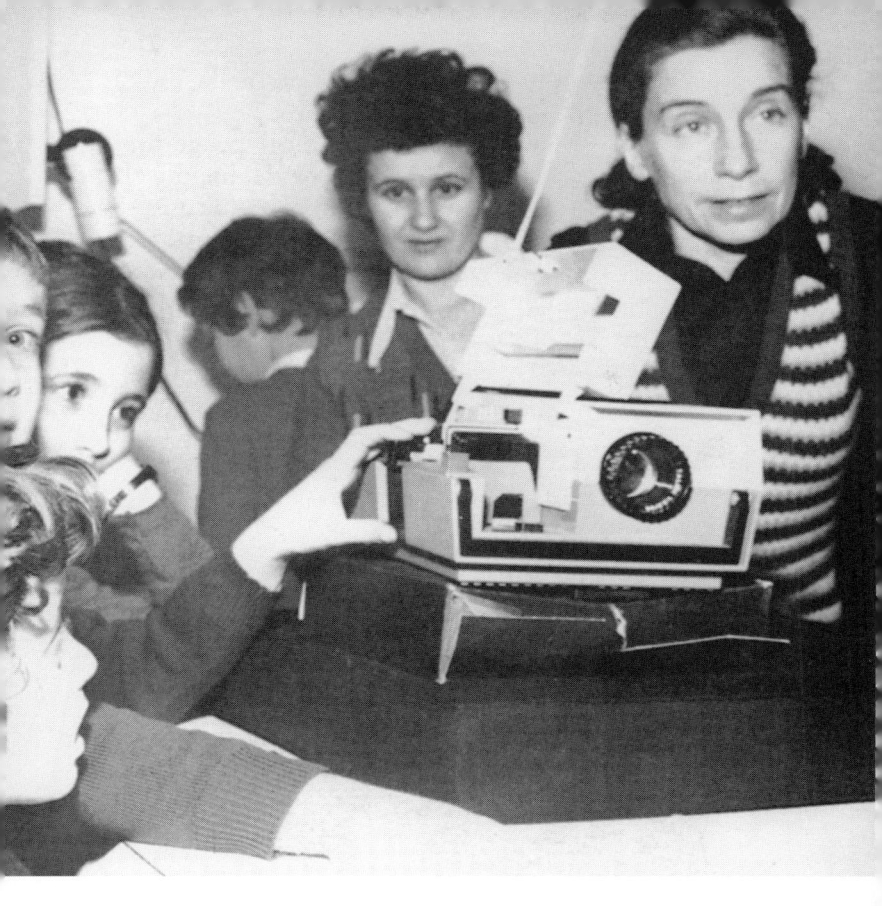

用意したスライドを両親に見せている子供たち。彼ら自身でプロジェクターを操作している。

きなように変化させながら使っていい。

　ある子供たちは糸を用意し，ある子供たちは2枚の平板を用意し，ある子供は板を接着させ，ある子供はその手伝いをする。これぞまさにグループ作業。みんなで一緒に文章を考え，画像の前でハプニング

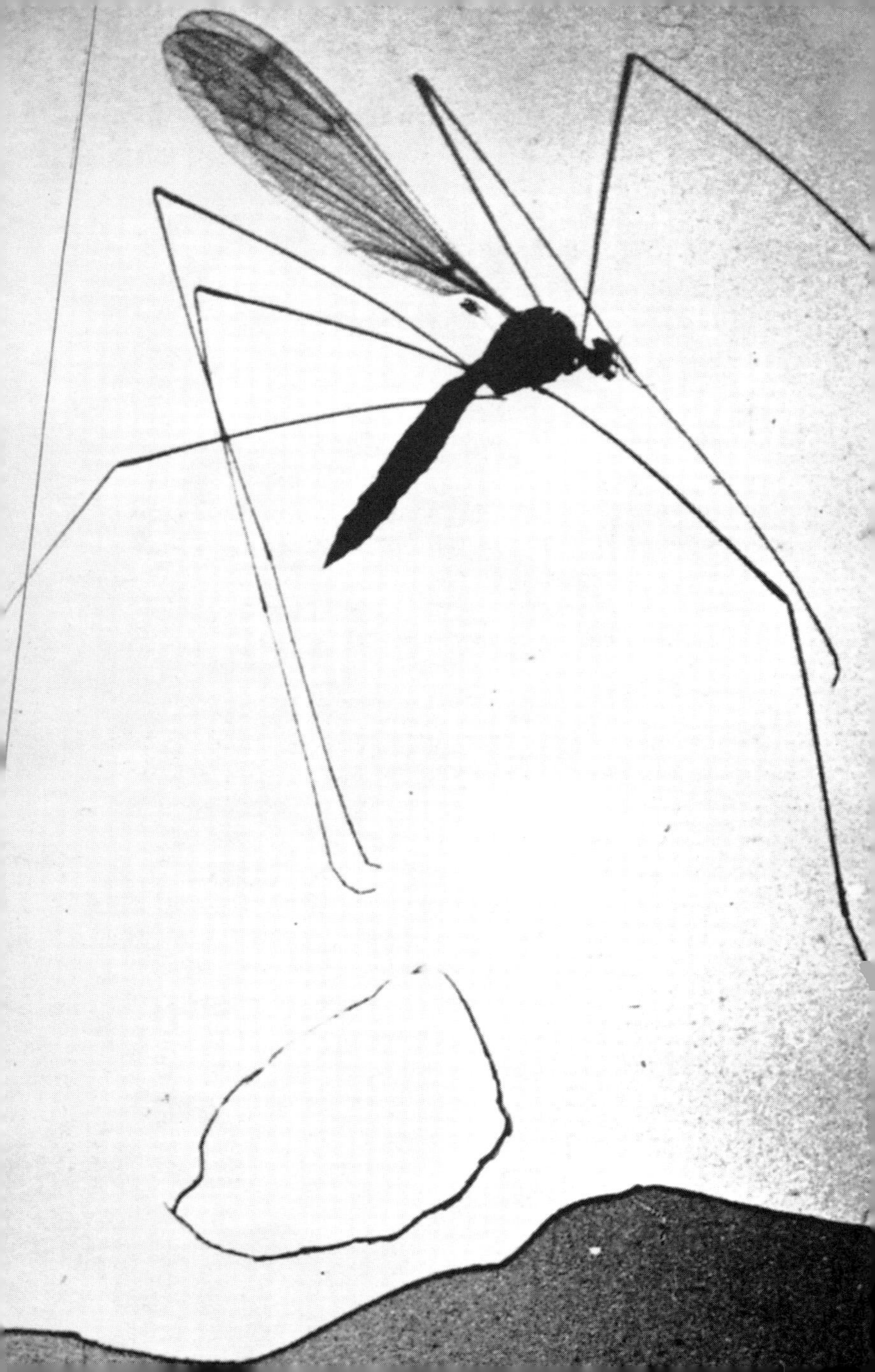

として即興でできるような，ちょっとした出し物をあらかじめ用意しておく。みんな，たいへんよくできました。

この技術で使う素材に値打ちはない。もちろんほとんどお金がかからないという意味でだ。羽根，糸，接着剤を一滴，タマネギの皮，脱脂綿をひとつまみ，ロウ1グラム，花の小さな種子，切手くらいの大きさのベール一片，ガーゼ，透明なカラーセロファン数葉……。

このプロジェクターの提案から，他のヴィジュアル・コミュニケーションの技術を発表する際にも有効である規則を引き出すことができる。

1：機材について充分に教えること。その機材にふさわしい使い方や機材のもつあらゆる可能性について教える。
2：機材にもっとも適した技術を理解させること。
3：理解したことから何をするかをそれぞれに選択させ，決定させること。
4：作業の結果をみんなで一緒に分析し，話し合いをすること。これは誰が一番かを決めるためではない。それぞれが仕上げたものについて，その存在理由を与えるためである。
5：発表するという目標をもたせ，なるべくグループ作業で進められるようにうまく導くこと。
6：すべて壊して最初からやり直すこと。これは新しい知識を継続的に獲得するため，そして作ったものを神格化させないためである。

道具についての知識，技術についての知識，これら2つは基本である。単語の正確な意味と会話で使うための規則を知ることは，正しい言語伝達にとって重要である。視覚伝達でもそうだ。なぜそうしないのだろう？

これらの知識は個性を破壊などしない。無知こそが最大の自由を与えると信じるのは絶対に間違っている。むしろ，知識こそが自己表現の手段を完全に操る力を与えるのだ。それにより，手段とメッセージに一貫性をもたせ明確に自己表現できるようになる。この一貫性を欠

いたお粗末な思い違いはしょっちゅうある。実に多くの芸術作品でそのメッセージが発信者，つまり作者の意図のもとに留まったままとなっており，受信者，つまりメッセージが意図的に向けられた観る者のもとへは届いていない。

　われわれは，哲学的問題，社会的問題，宗教的メッセージ，個人的苦悩等を孕んだ絵画をずいぶん見てきた。どのメッセージも文学や映画といった他の手段で表現した方がよかったのではないだろうか。反対に，ある人が画家として「誕生」し，どんなテーマであろうと，自分の立場を絵画だけを用いて述べようとしても限界がある。未来派絵画では，ダイナミズムが一枚の絵画の中に留まっており，ダイナミズムそのものがスタティックになる。そうすると混乱だけが伝わり，観る者はメッセージを引き出せない。動き，速さ，どんな時間的ディメンションもスタティックな技術では表現できない。むしろフィルムやキネティック・アートのような映画的な技術を用いた方がいいのである。

　個人の作品について集団で議論すれば，多くの問題が明らかになる。発信されたメッセージが果たして受信されたかどうか確かめられ，どのように受け取られたか，またなぜそのように受け取られたのか検証できる。観察することはみんなにとって有益であると同時に，自身の知識も広げ，視覚伝達の手段をより完成形へと近づけ，自身の決断を明らかにする。

　グループ作業は，あらゆる価値観が一緒になる場であり，さまざまな個性が寄り集まる場である。たとえそれが知識を広げることに終始したとしても，各人が集合体にとって有益なもの，本当に機能するものを産み出そうと精一杯の力を発揮する場となる。

　集団で作った作品を壊すのは，特に幼年期の場合，模倣のモデルを作らせないためだと理解してほしい。作品を美術館に収めさせないために，作り手を神格化させないために，作品を壊すのだ。保存されるべきものは，モノではない。むしろそのやり方であり，企画を立てる方法であり，出くわす問題に応じてやり直すことを可能にさせる柔軟

な経験値である。頭はいつでも自由で、柔軟で、準備の整った状態でいなければいけない。文化的目的や研究目的がないかぎり、いかなるモデルも保存してはならない。創造力、創造力とともにあるファンタジアと発明は、いつでも発動可能な状態にしておくべきであり、この3つの能力はパーフェクトな調和をもって機能せねばならない。先入観、凝り固まった考え、好みのモデル、繰り返しのスタイル、こうしたものを所有してはいけない。そんなものをもつと、創造力が顔を出そうとするときにブレーキをかけるようになる。実験や研究で、すべての結果が出そろう前に結論づけてはいけないのと同じことだ。結果が出た後なら結論づけも可能だろうが、それ以前には不可能である。ヴィジュアル・コミュニケーションの諸問題（かつては芸術教育と言われていた）についての最新の解決案とは、ファンタジア、発明、創造の操作方法について適切な方法論によって整備され、その上でうまく使うことにより導き出されるべきではないだろうか。

　実際には、ファンタジア、発明、創造力の間に正確な境界線を設けることはできない。前章で定義づけをしたのは、これらをうまく一緒に使用できるような、それぞれの操作の方法というものを定めることができるかどうかを検討する目的があったからである。現実には、ファンタジア、発明、創造力の活動は想像力と同時に働くともいえる。さらにこれらの能力を使う時には、時間的ディメンションは存在しないともいえるかもしれない。

　したがって、創造力とは、可能なかぎり完全な意味合いにおいて、人間の能力を活用する方法と結論づけられるだろう。ここでようやく本書の前半部分で解体し、分析を試みたものがひとつにまとまることになる。これからはこの能力をはっきりと理解し、充分に活用できるのではなかろうか。

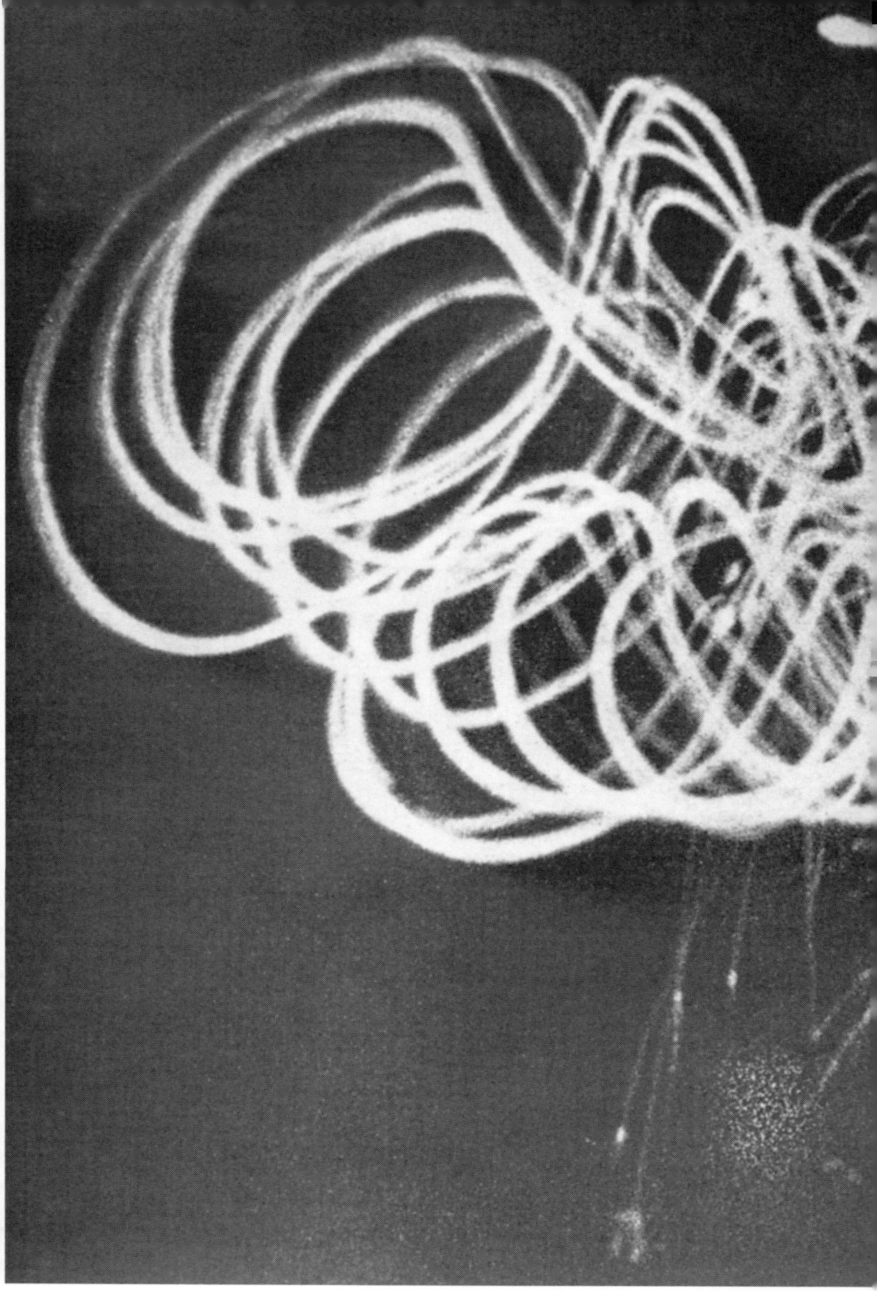

暗闇の中，焦点開放のカメラの前で懐中電灯をふってできた光のしるし。

A SCUOLA, QUESTO MESE...
今月の学校では…
I FAGIOLI 豆

<u>3月5日</u>
今日は豆のミネストローネを食べました。
コックさんは生の豆をくれました。

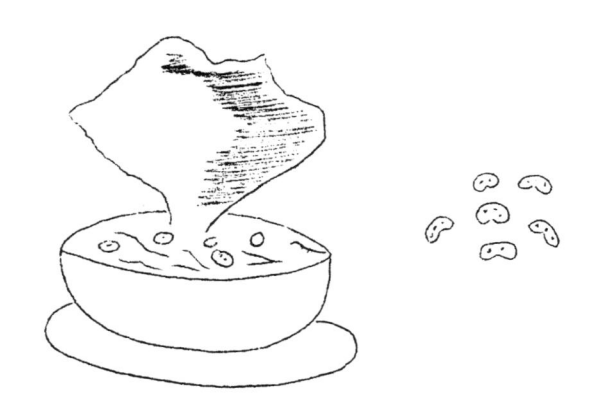

知識を豊かに

　観察を通して知識を広げる方法。
　さて，これはボローニャのポンテ・ロンカ小学校で行われたものである。子供たちに植物の胚とは何か，種の継続とは何かを教える方法。学級新聞，第7号（1975–76）から抜粋。

豆の観察。

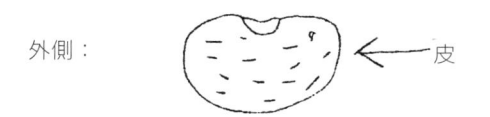

外側：　　　⬅ 皮

皮をむいた豆を半分に割ります。
中には黄色のちいさな足のようなものがあります。それは胚といいます。

内側：　　　　　胚

ルアーナの質問：

胚ってなあに？
Che cosa è l'embrione？

この問題に答えるために実験をしました：

豆を2つのガラスの容器に入れました。

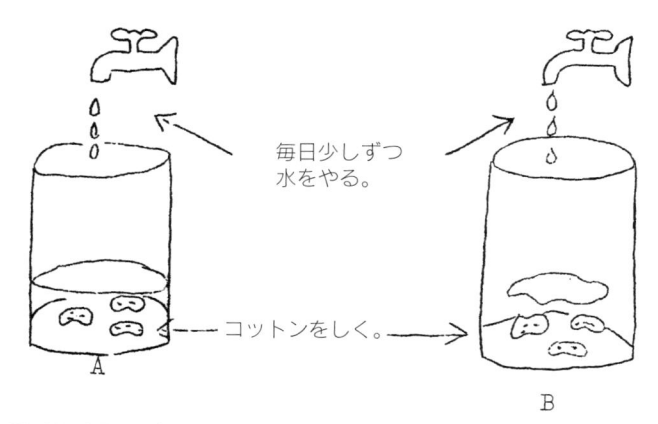

毎日少しずつ水をやる。

コットンをしく。

Aの豆は胚を取り除きました。
Bの豆は胚があります。

3月10日
Aの豆はいつもと変わりません。

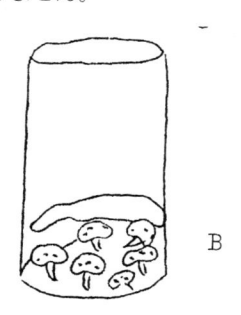

Bの5つの豆は黄色いちいさな足を外に出しました。

3月15日
Aの豆はぜんぶくさってしまいました。
ぜんぶ捨てました。

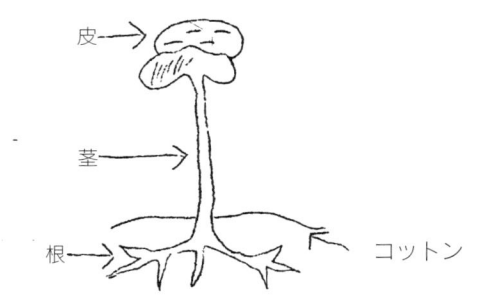

皮→
茎→
根→ コットン

Bの豆には下に向かう黄色い根と上に向かう緑の茎ができました。

3月16日

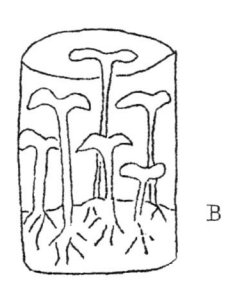

B

容器に入れた6つの豆全部から緑のちいさな植物が生まれました。

第二の実験

他の種もコットンの上に植えました。

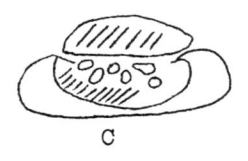

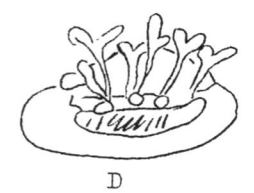

CとDのちいさなお皿にのせました。
Cは米（胚なし）。
Dはレンズ豆と小麦です。
今日，Dの種から芽が出ました。米からは出ません。

結論は以下：

l'embrione è quella parte del seme da cui germoglia una nuova pianta

胚とは種の一部で
・そこからあたらしい植物が
芽を出します。

1年A組のみんな

ブルーノ・ムナーリ《ビンの中のメッセージ》1940年
メッセージには，時々，追伸が添えられている。ビンのメッセージだったら追伸はどのように添えられるのだろうか。おそらく小ビンに追伸を入れ，メッセージの入った大ビンに添えられる。なるほど，しかしどうやって2つのビンをくっつければいいのか？
ミント・リキュールのビンにはちょうどいい具合にくびれがある。

クリエイティヴな遊び

　　ミラノの小学校で行われた幼少期の創造力を刺激する方法。学校の体育館で行われたこのクリエイティヴな遊びのワークショップには，約80名の子供が積極的に参加した。これから何をするのか子供たちに説明する必要はない。なぜなら，やってみればすぐにわかるからだ。先生や親も一緒にこのワークショップに参加してもいい。そうすれば，皆が持っている疑問の答えをこの遊びを通して見つけられる。例えば，子供の注意を長時間引きつけておくにはどうしたらいいのか，外部世界を理解

するのに役立つ規則をどのように遊びを通じて説明できるのか，口頭だけで説明することでうまれる不安，疑問など。はたして子供たちは理解できるのだろうか？　この実験がうまくいくかどうか一緒にみていこう。

　こういった実験は諸外国のさまざまな小学校や幼稚園でも行われている。常に開いている子供のチャンネル，つまり好奇心を最大限に利用しよう。子供は大人が何かをやり始めると，何をしているのか知りたがり，後で自分でもやってみたくなるも

のだ。子供に何かを教えるには、これがもっとも近い道のりとなる。多くの言葉も要らなければ、組み立てる必要もない。子供はすでにそこにいて、何が起こるかわくわくしているではないか。

　リーダー（アニマトーレ）は大きなサイズの包装紙を何枚か取り出し、その1枚を体育館の床に置くことから始めよう。

　そして、もう1枚を縦半分に破り、1枚目の上にⅤの字にして置く。

　次に縦半分にしたもう1枚の紙をまた縦半分に破り、最初に分岐させた先端部分に重ねるようにして貼り付ける。

　このようにしながら、平らな大きな木を作っていく。——だれか手伝ってくれる人！　セロハンテープの使い方を知ってい

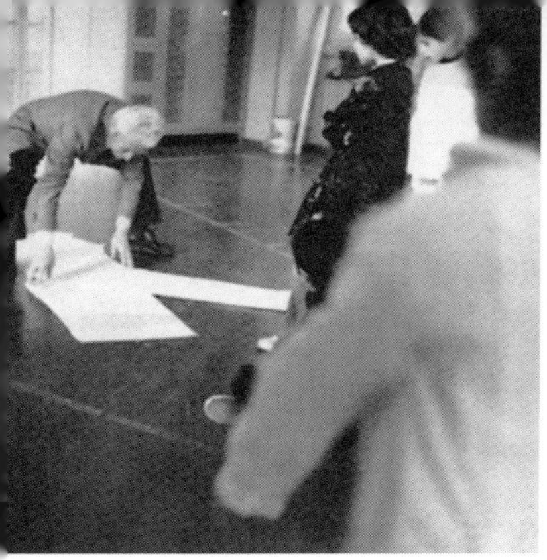
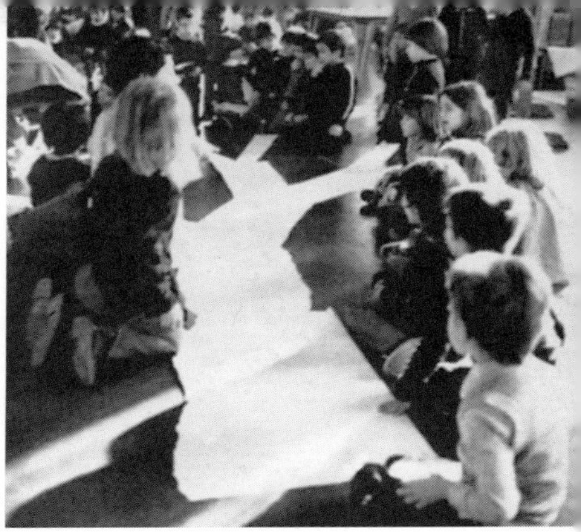
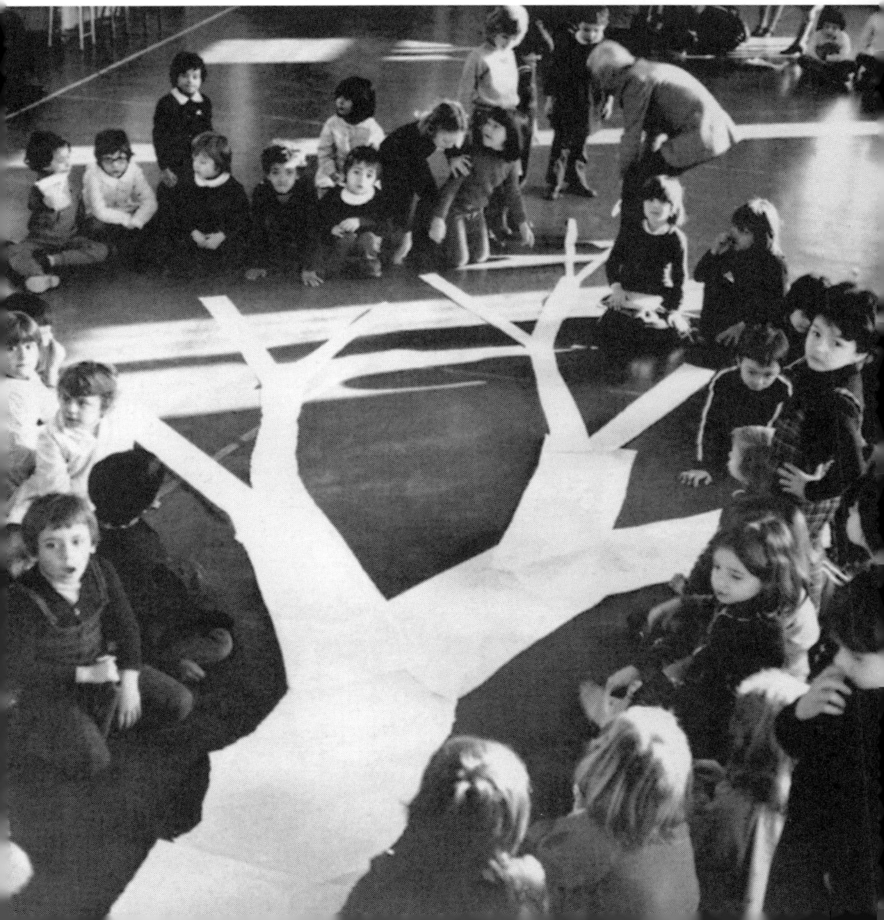

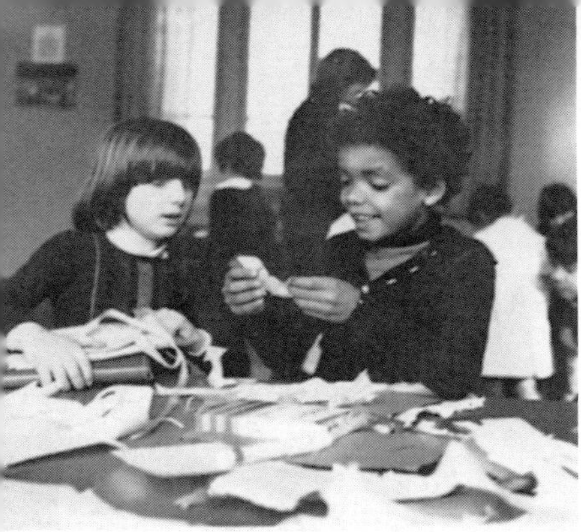
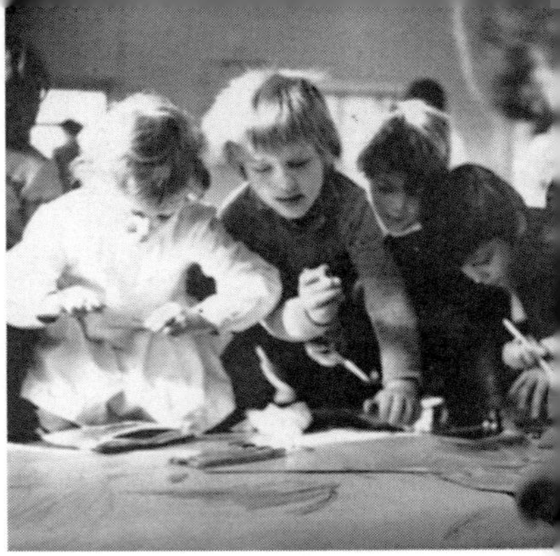
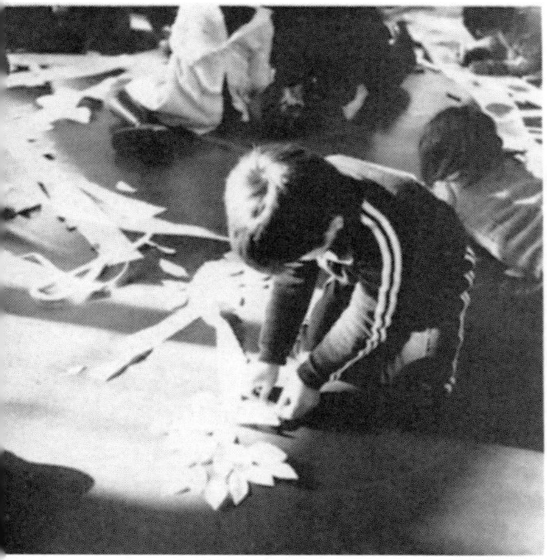
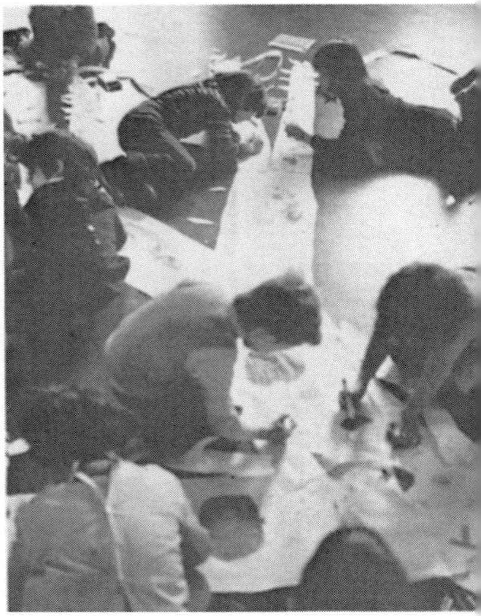
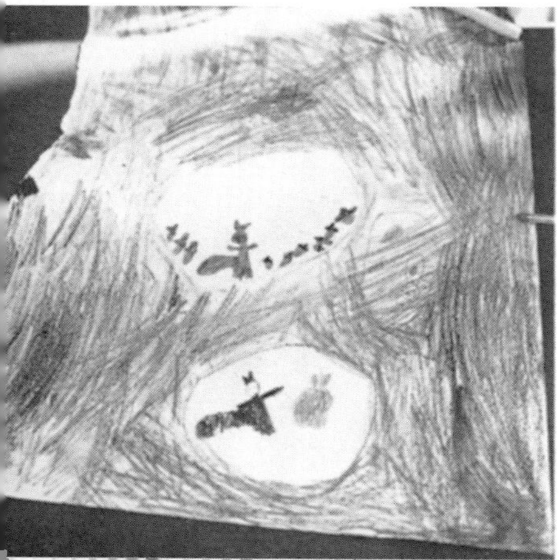

る人！　——リーダーは声をかけよう。すぐに何人かの子供が大きな木の枝を貼り付けようと助けにくるだろう。この木はどんどん大きくなり，しまいには体育館全体に広がるほど細い枝を成長させるだろう。

　リーダーは子供たちに，木の表面に何かしてみようと呼びかける。何を用いてもいいので，その場で思いついたことを描いてみるよう呼びかけるのだ。絵具，パステル，細かく切った紙，テンペラ絵具など，なんでも好きなものを使って描いてみよう。各自で道具を選び，何をするかすぐに決める。何人かは少し考える時間が要るかもしれない。

紙を葉のかたちに切る子，鳥の巣を描く子，昆虫，花，果実を描く子。どれも木の周りで目にするものばかりだ。

　少し経つと子供の活動が落ち着いてくる。絵を完成させようとまだ取り組んでいる子供もいるし，平らな大きな木の周りやその上を歩き回っている子供もいる。

　ここでリーダーは木を床から引き離し，宙に持ち上げることを提案する。これはみんなでやろう。木を手にとり，床から引き離し，空に飛ばすのだ。木は千々に飛び舞い，子供たちは大喜び。まるでなにかのお祭りのように辺りは飛んで舞う紙片でいっぱいになる。

　こうして遊びはみんなの満足のうちに終了する。木はバラバラに壊されてしまったが，模倣するためのモデルは残さない方がいい。残すべきは企画する方法論，つまり別の木を作ろうとする時にそれを可能とさせるものである。たとえそれぞれで異なる木を作ろうとしても，木の成長の規則だけは全員に共通となる。これはリーダーが遊びの中で，木の枝は先に行くにしたがって細くなると教えたからである。

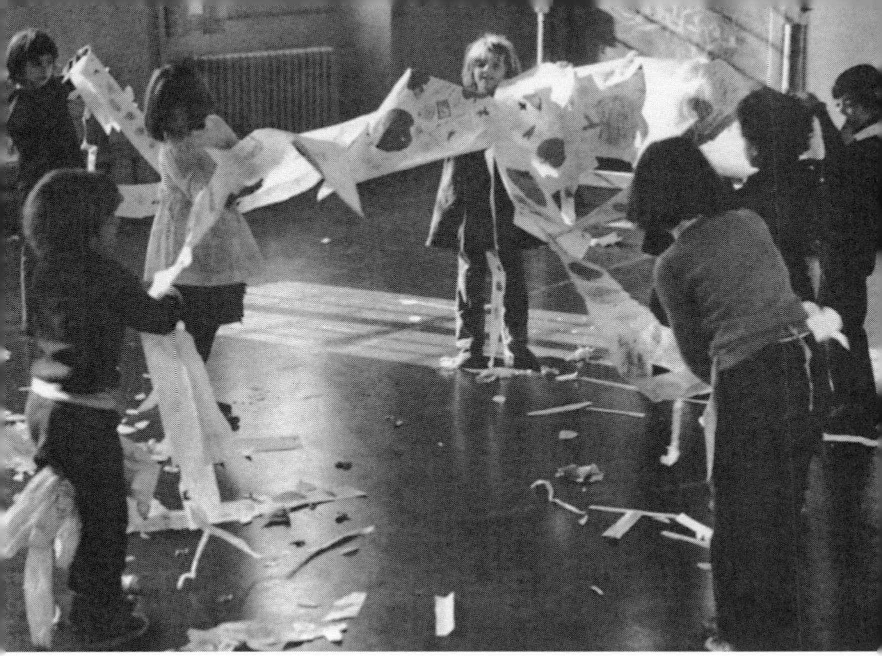
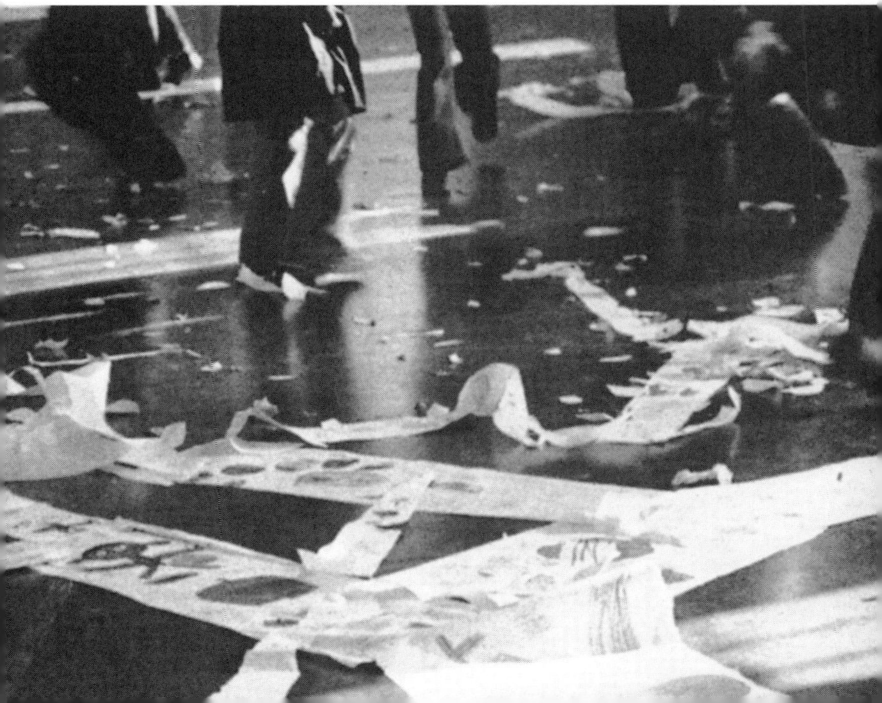

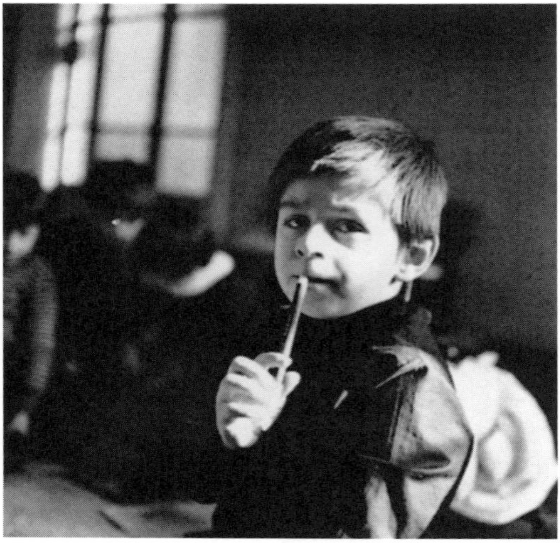

サラダ菜のバラ

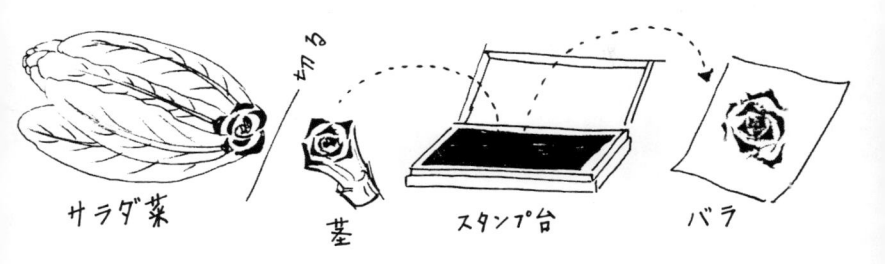

　植物の断面の刻印。スタンプ用のカラーインクにつけて、スタンプとして使う。

　このようにしてイメージを生み出す方法は、絵を描きたがらない子供に適している。彼らはあまりにも考えの足らない親に怒られて、絵を描きたがらなくなってしまった。そんな彼らには、間違いを恐れる必要のないこの遊びをやらせてあげよう。

　間違っているのは親の方である。この親たち、絵とは正確に現実を写すべきものだと信じ込んでいる。ところが、とくに子供にとって、絵を描くとは周囲に対する感性を表現することであり、その表現は目に見えるものだけにとどまらない。たとえネコがやわらかな毛に包まれ、ツメを生やした雲のように表現されたとしてもいいのである。この感覚こそ、ネコを抱いたときに子供が実感したもので、それが彼にとってネコという現実なのだから。彼が肢やしっぽを描かなかったからといって怒ってはいけない。怒られれば子供は間違えたと思い込んでしまう。そうすると、この先間違えることを恐れて、つまり怒られるのを恐れて、絵を描こうとしなくなる。

アーティチョーク　ウイキョウ

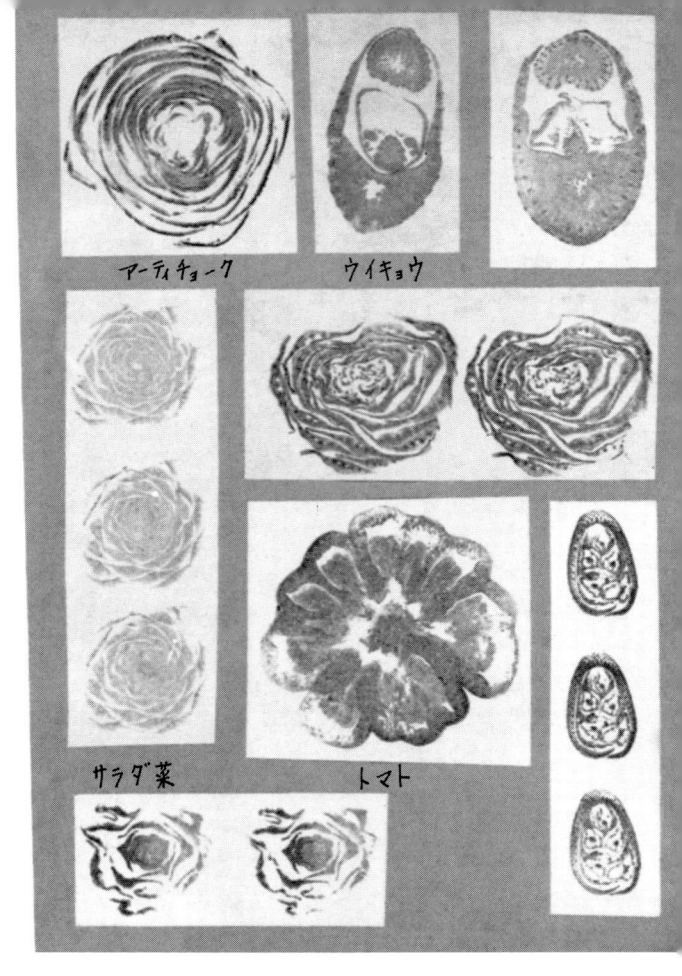

サラダ菜　トマト

　上のようにして、植物の断面のスタンプを展開させてみよう。そうすれば、間違えを恐れずにイメージを使って自己表現できるかもしれないと、子供に伝えることができる。ここではたくさんの植物が紹介されている。やわらか過ぎず、水分もほどほどで扱いやすい植物を次に挙げておく。サラダ菜，セロリ，ウイキョウ，キ

西洋ネギ

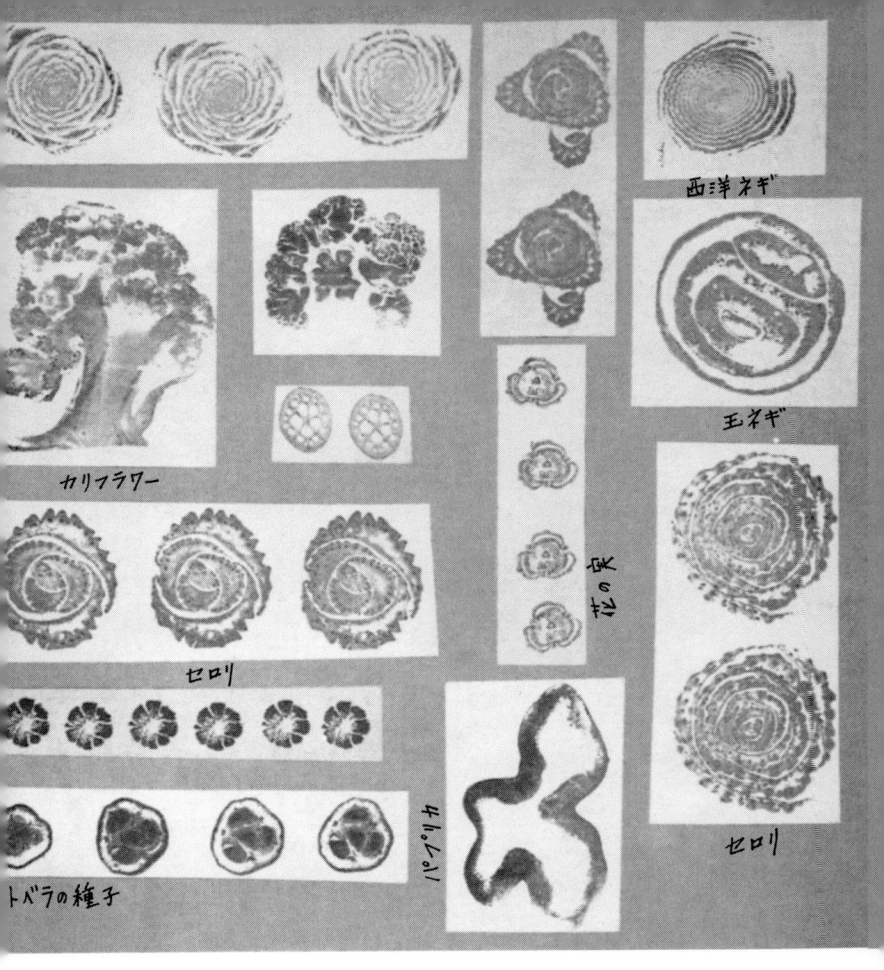

玉ネギ

カリフラワー

セロリ

花の実

トバラの種子

キャベツの芽

セロリ

ャベツ、タマネギ、パプリカ、花の実や茎などがそうだ。植物は縦横好きなように切断していい。断面が平らで曲がらないように切ろう。

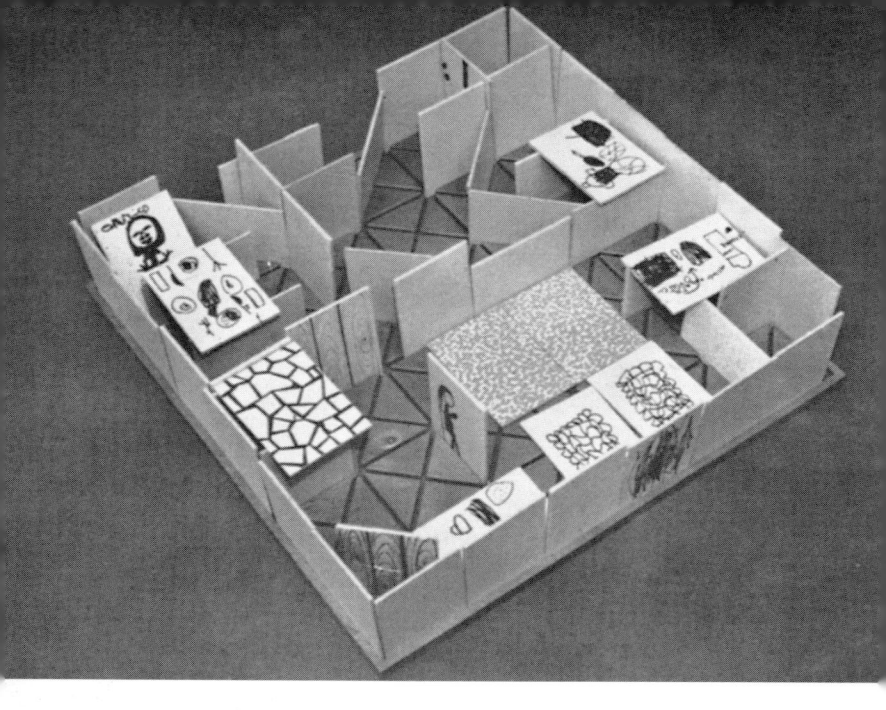

創造力を刺激するオモチャ，迷宮ゲーム。子供に30cm四方の平らな板を与える。この板には，ある一定の規格に基づいた正方形とその対角線によって，網目のようにミゾが作られている。板とは別に小さな灰色のカードもついている。このカードは正方形の辺と対角線に等しい長さの長方形で，そのため，どこのミゾにも垂直に差し込むことができる。何枚かのカードには，縦にしても横にしても使えるような絵が描いてある。例えば，葉っぱ，石，格子模様の門，レンガ。何も描かれていないカードもあり，それは自由に使っていい。好きなカードを選んで，ミゾに立てるようにして差し込む。何も描かれてないカードには思いついたものを自由に書き込み，好きなように使っていい。迷宮を作ってもよし，壁やドアを作って住まいの見取り図を作り上げてもよし。このゲームと一緒に，例えば動物のような小さなおもちゃを使ってもいいだろう。

3次元の遊び

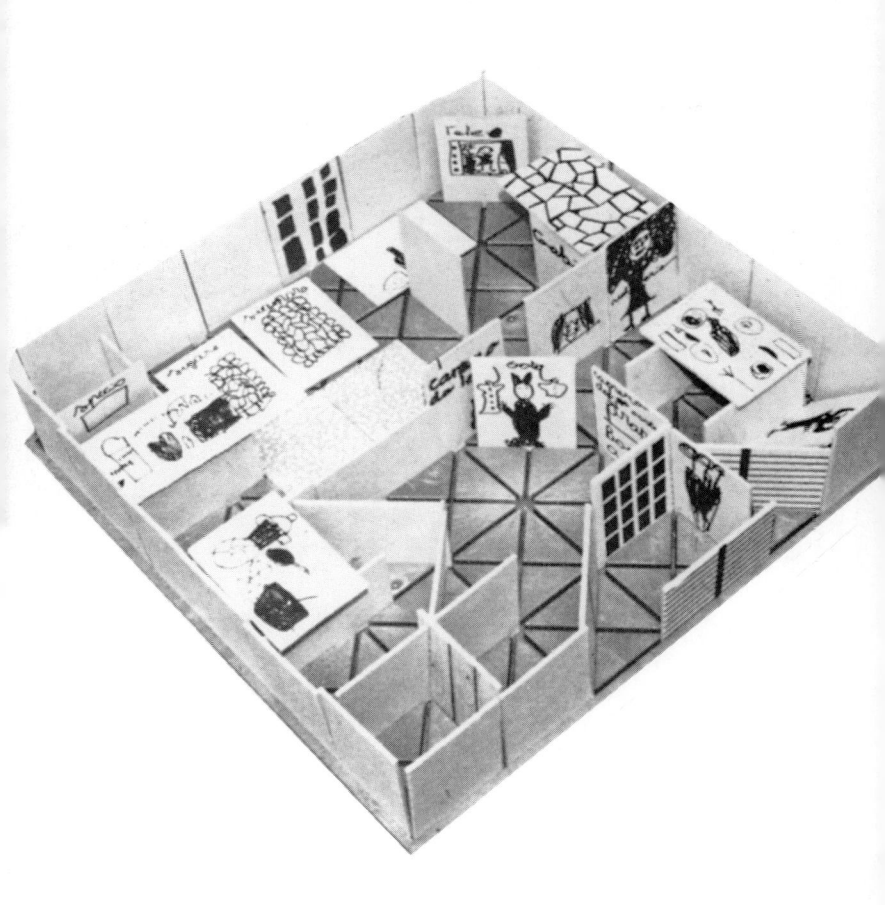

上の2枚の写真は7歳の女の子が作ったものである。彼女はアパートメントの計画を組み立てた。ベッドから洗面所まで、必要なものはすべてある。自作のカードがあってこそ彼女の計画は完成した。

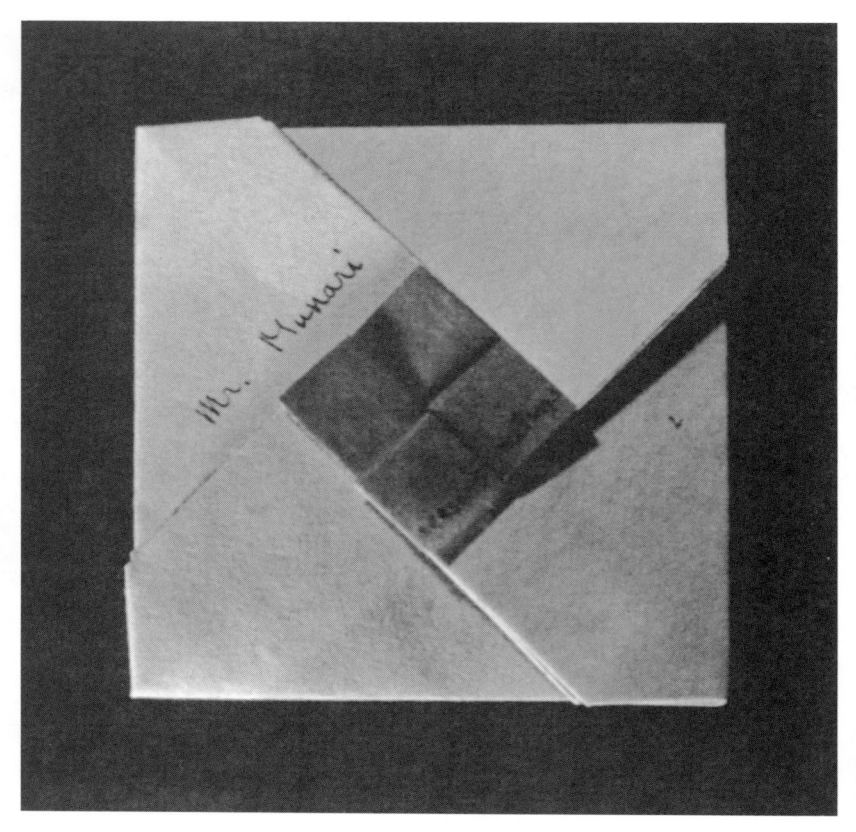

両面に色のついたオリガミ。柳宗理作

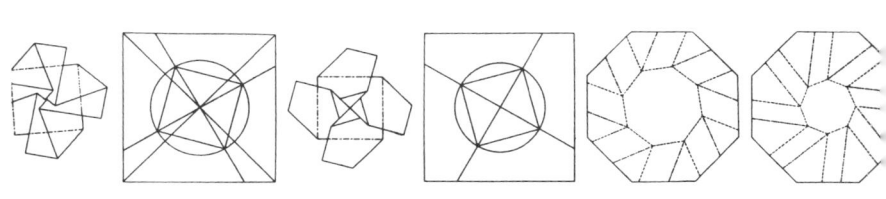

オリガミの折り方の図。柳宗理作

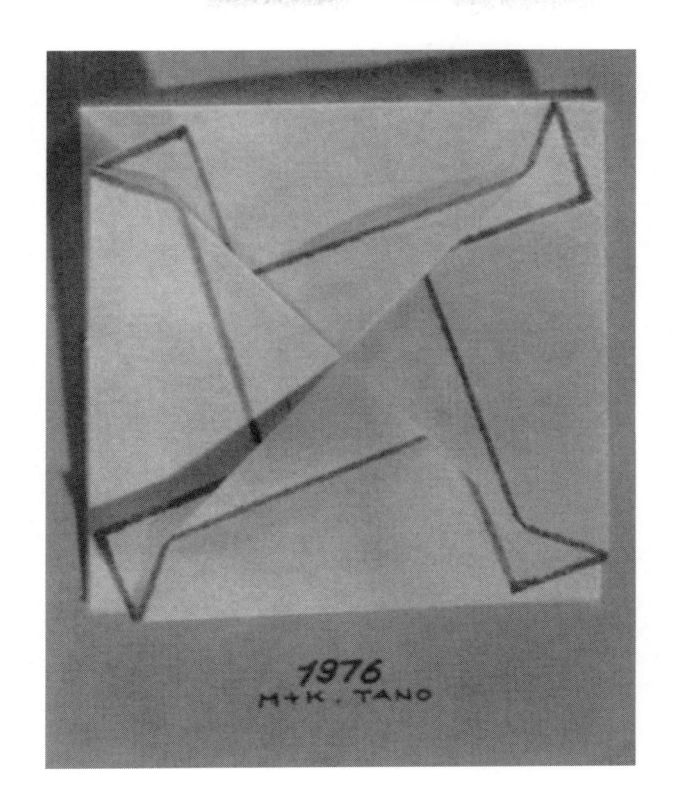

オリガミ

　オリガミは日本に古くから伝わる日常的な楽しみであり，小さな色紙を切ることなく，折ったり折り返したりしながら，動物や花や幾何学模様などの形を作るものである。1969年に亡くなった日本人のオリガミの大家，内山光弘[*]は，その半生をオリガミ作りに費やした。幾何学や位相幾何学を試したり，取り入れたりしながら折り方を発明した。現在は若きデザイナー，柳宗理がその作業を引き継いでいる。なぜならオリガミの規則性はデザインに応用できる可能性があるからだ。

＊内山光弘，(1878–1967) 折り紙作家。「花紋折り」に代表されるような独自の折り方を研究。

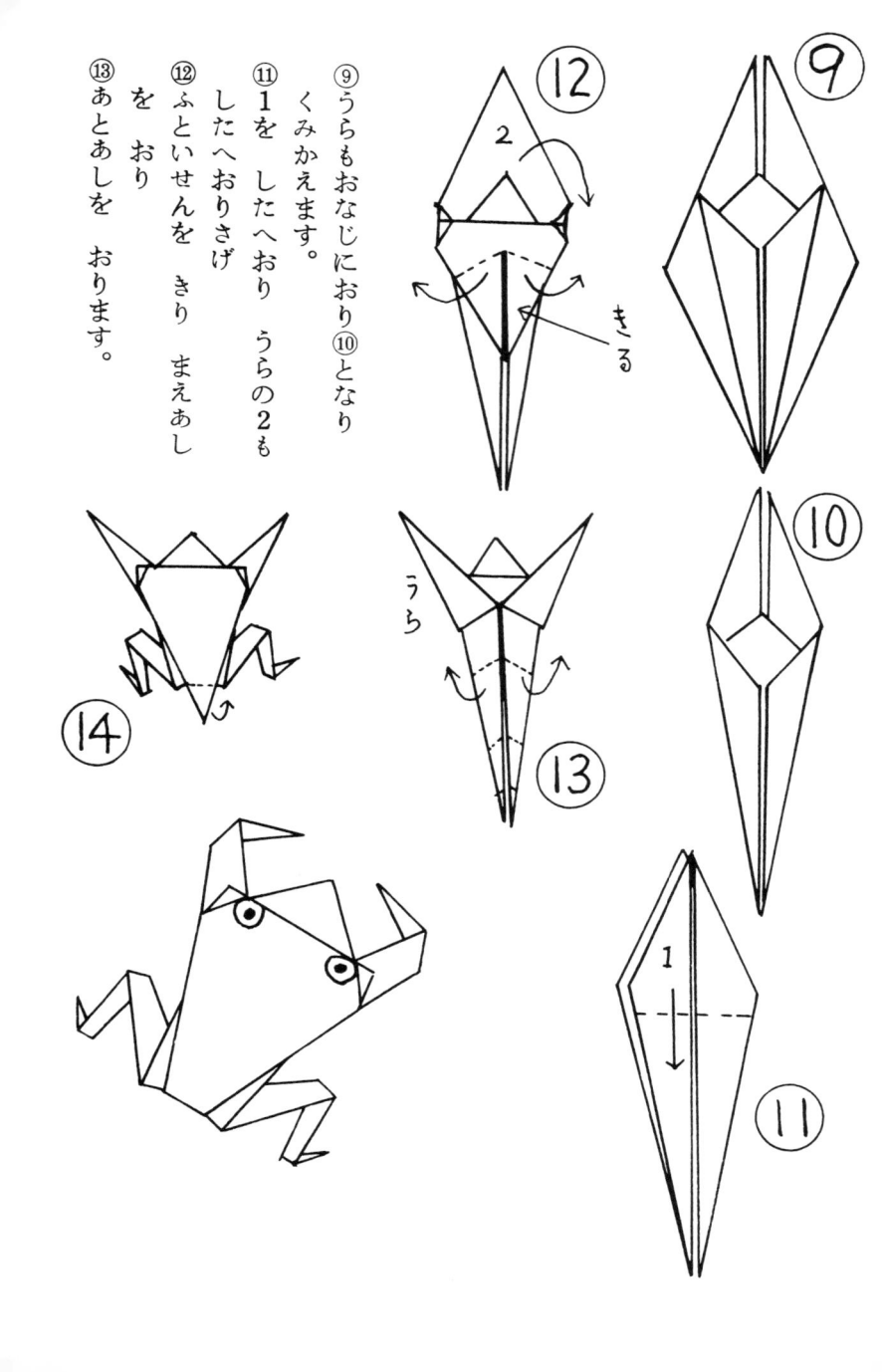

⑨ うらも おなじに おり ⑩ となり くみかえます。

⑪ 1を したへ おり うらの 2も したへ おりさげ

⑫ ふといせんを きり まえあし を おり

⑬ あとあしを おります。

きる
うら

かえる

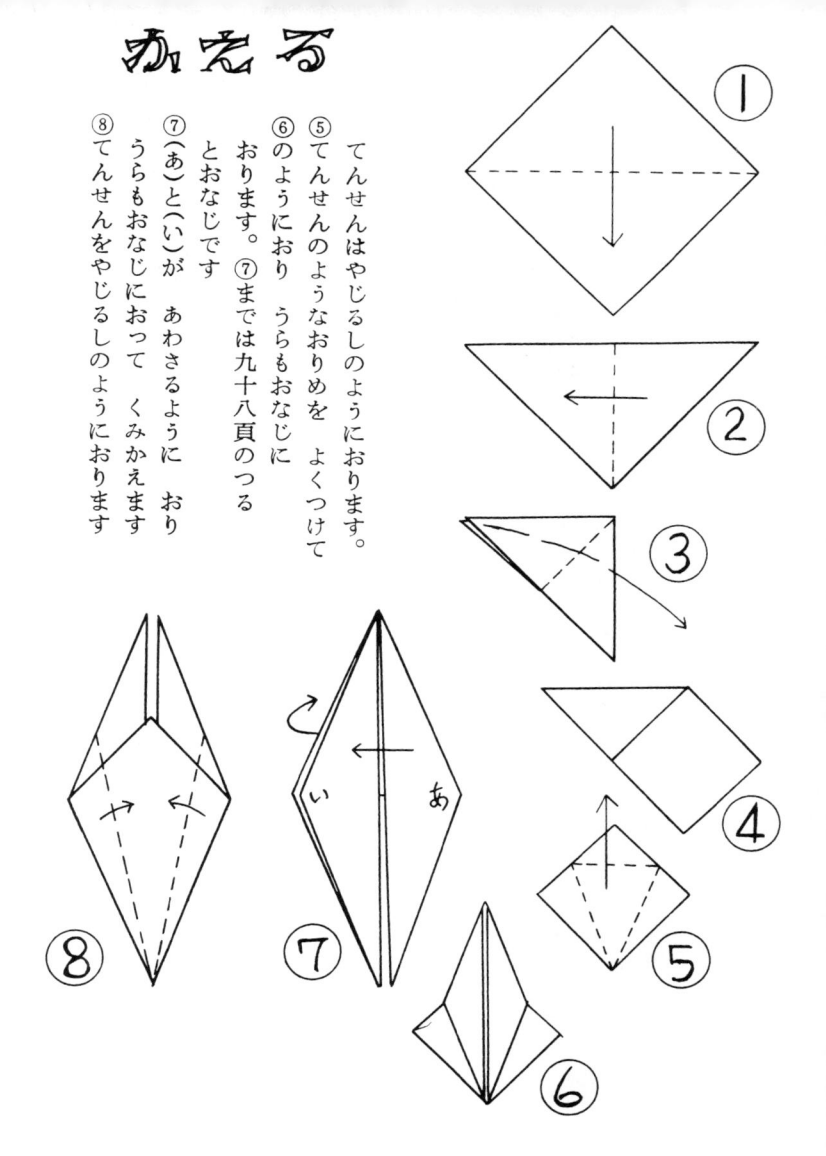

① てんせんはやじるしのようにおります。
② てんせんのようなおりめを よくつけて
③ のようにおり うらもおなじに おります。
④ ⑦までは九十八頁のつる とおなじです
⑤ (あ)と(い)が あわさるように おり うらもおなじにおって くみかえます
⑥ てんせんをやじるしのようにおります

日本の小学校では，遊びの一環として子供にオリガミの折り方を教え，新しい折り方を発明させる。このような教育を受けた子供は精密さへの感覚が鋭くなり，2次元の紙をいとも簡単に3次元のオブジェへと変化させる。

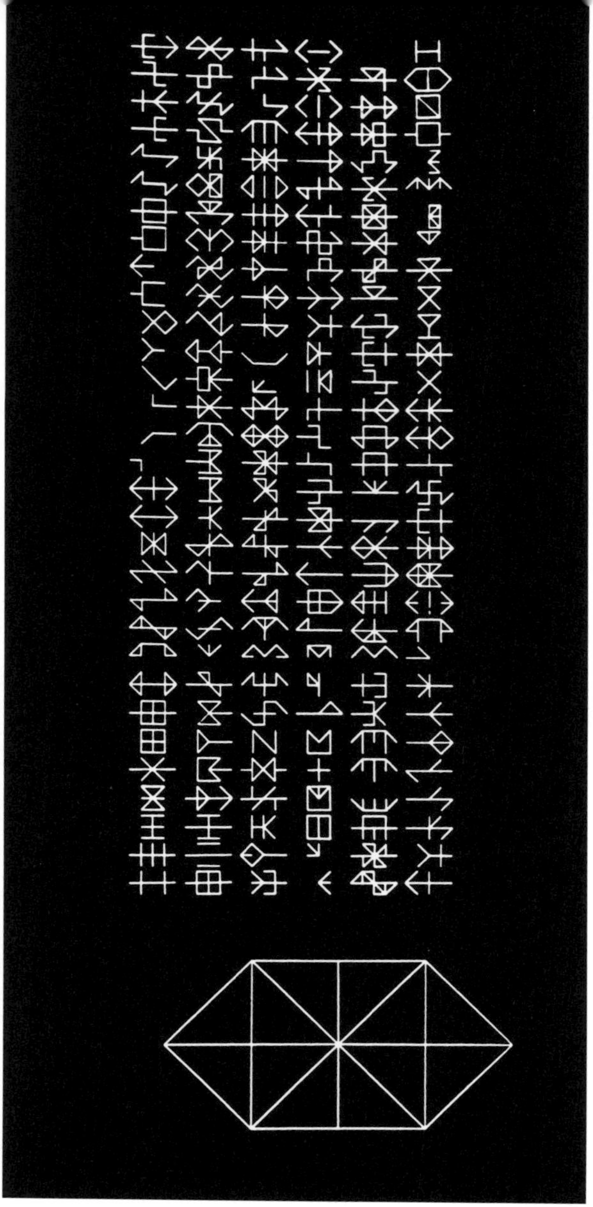

子供は何かを組み立てる遊びのなかで、大人が難しいと思うような幾何学構造を理解してしまう。このボールは小さなパーツから成っており、どれも着脱可能で均一に作られている。単純な規則に従って組み立て可能。

フォルムの分析

　ある与えられたフォルムの内的構造の研究。水平線、垂直線、対角線によって構成された図形をよく考察し、いくつかの線を取り除いてみると、別の線が抽出できる。そうすると一つの総体的な図形から、実に多くの図形が発見できる。リュブリャナ造形芸術学校、ゾラン・ディデック教授の生徒による造形の練習。

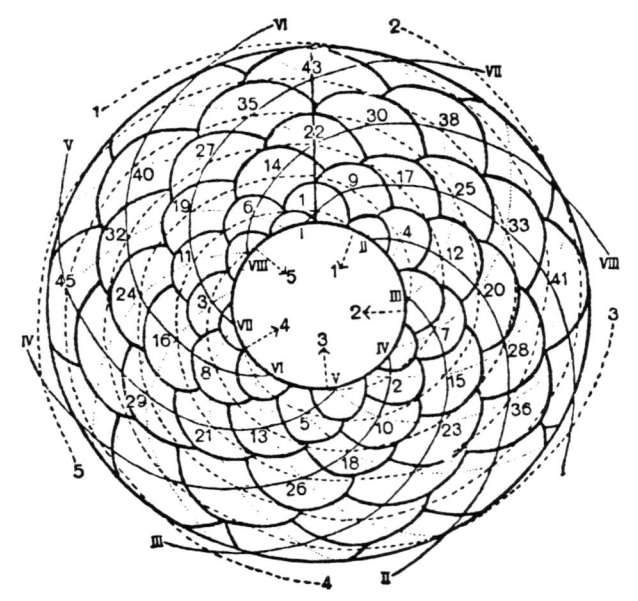

ダーシー・トンプソンはその著作『生物とかたち』で，自然界の生物の成長過程におけるかたちを研究し，それをどのように理解できるのかを示している。この本は1917年に英語で出版され，その後69年にイタリア，ボリンギエーリ社から出版された。トンプソンはこの本の中で調査法を説明し，研究で得られた例証をイラスト付きで数多く載せている。分析は科学的厳密さをもってなされており，その結果，客観的なデータに富んでいる。これは，現実で認識される事柄をどのような方法で理解すべきかを示した一例。どこの美学校でも型通りやらせている"真実の模写"も，トンプソンのような方向で発展させたら，ずっとわかりやすく教えられるし，よっぽど深く理解できるのではないだろうか。

　レオナルドも科学的方法論を援用して自然界を研究していた。レオナルドは眼に見えるものを絵に描くだけにとどまらず，なぜこの物体がこのかたちをしているのかを理解しようとした。人体の部位を描く際も，一つのメカニズムとして表現し，各部位をきわめて精密に描いた。いくつかの人体のデッサンでは，筋肉をきわめて薄い，やわらかい筋で表現しており，それはすべての機能を示すことができる程に精確だった。レオナルドは現実世界について調査し，理解した事柄を創造力豊かに応用させ，いくつかのプロジェクトを計画していた。彼の調査法をよく考察すると，その考えの一端を垣間みることができる。

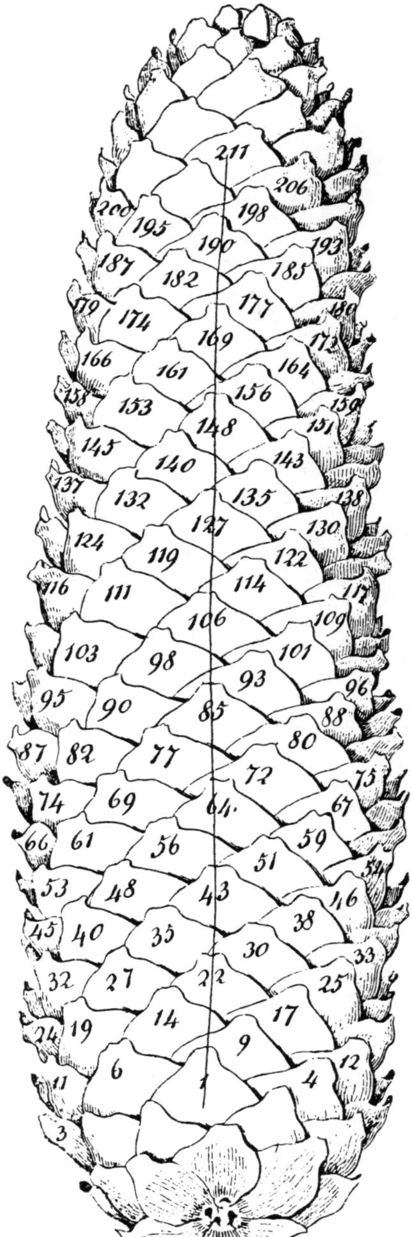
211
206
200
195
198
190
193
187
182
185
177
179
174
180
169
172
166
161
164
158
153
156
150
148
151
145
140
143
137
132
135
138
127
130
124
119
122
116
111
114
117
106
109
103
98
101
93
96
95
90
85
88
80
87
82
77
72
75
74
69
64
67
66
61
56
59
51
54
53
48
43
46
38
45
40
35
30
33
32
27
22
25
17
14
24
19
9
12
6
1
4
11
3

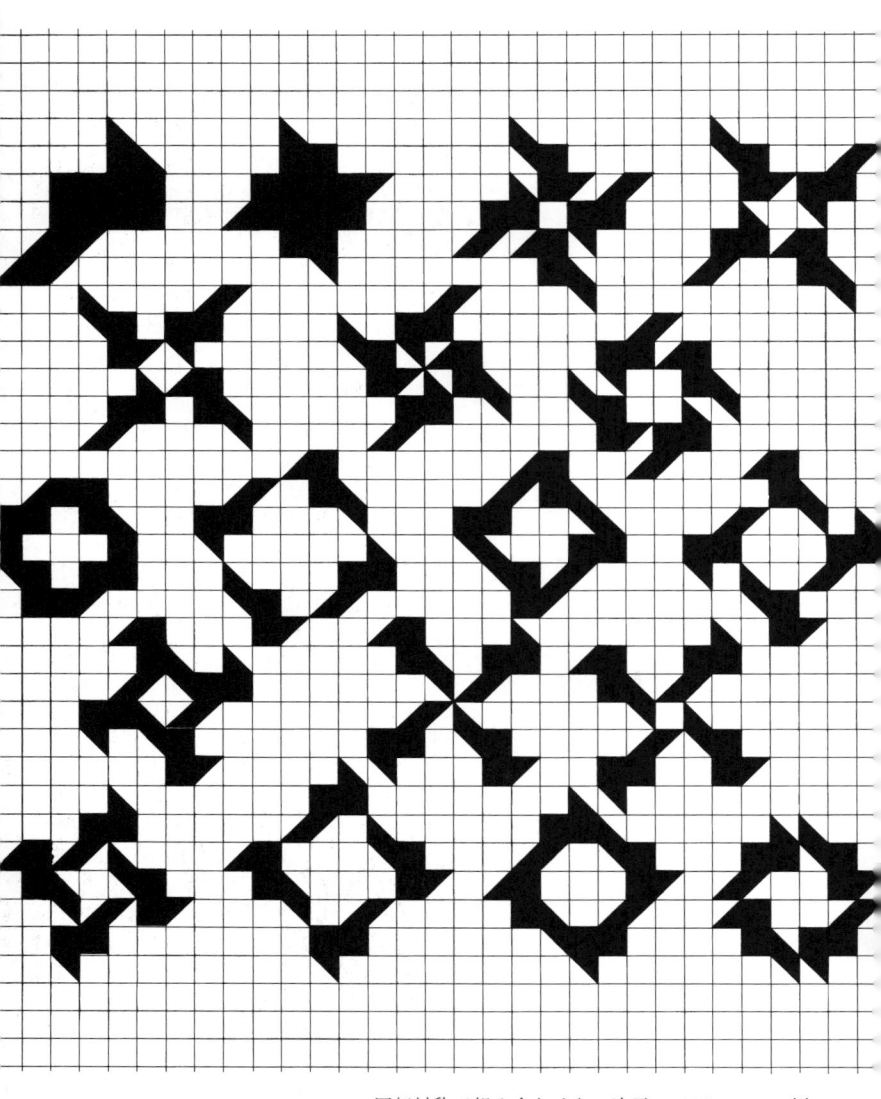

回転対称で組み合わせた2次元のモデュールの例

構造分野における組み合わせ可能なモデュール

　ここで創造力を刺激する練習をもう一つ。ここでは方眼紙を使う。まず方眼紙にモデュール（基準寸法），つまり方眼紙の網目構造によって周囲を閉じられたいくつかのフォルムを描く。これらのフォルムは直線で構成されてもいいし，コンパスを使った曲線で構成されてもいい。ただし，それぞれの角，あるいは稜角は方眼紙の網目の交点に頂点として一致させる。また曲線の場合はその中心点が方眼紙の網目との関係によって置かれねばならない。作り手の個性によって，さまざまなフォルムをもつモデュールができる。正方形の網目にしたがって作った人は4つのモデュールを切り取り，三角形の網目にしたがって作った人は3つのモデュールを切り取る。これらのモデュールは重ねずに，回転対称で互いに組み合わせることができる。組み合わせる接点を変えれば，4つ，あるいは3つのモデュールから成る包括的なフォルムも変化する。

　この実験は，できあがった構造にある角にしたがってモデュールの一部を折れば，3次元でも実現可能である。これにより，モデュール化されたさまざまなヴァリエーションをもった組み合わせができる。この訓練は，ひとつの空間をあるモデュールに基づいて分ける場合や，ある設備や建築物がどのように成り立っているのか，あるいは装飾目的でさまざまに組み合わされた要素がどのように成り立っているのかを理解する場合に役に立つ。大規模な国際博覧会のパビリオンでは，よくこのシステムを用いて目を引くような建物を建てている。それはまさに，これがもっとも経済的な建設方法だからであり，同時に多くのヴァリエーションが得られるからである。作り手はその方法の論理にしたがい，組み合わせることのできるフォルムや規則をつくりだしながら，作業を進められる。このような作業のもっとも古い例には，中国やアラブ，ペルシャの装飾が挙げられよう。

馬 書 不 固 成 皇 系 荒 船

अस्माक् पिनयों ग्लि स्वर्गेषु नव

ምንባብ ። ወደ ። ፊተኛው ። ለመተው ።

ΑΒΓΔΕΖΗΘΙΚΛΜΝΞΟΠΡΣΤΥΦΧΨΩ

ৰ্গcc ৰ্গcc cৰcc ৰ্গcc ৰ্গcc ৰ্গcc ৰ্গcc ৰcc ৰ্গcc ৰ্গcc cৰ্গcc ৰ্গcc

הוזחטיכלמנסעפצקרשתסורע

ز خاطر دور کن آتش پرستی ,, آتش خانه خاطر نشستی

จากนักเรียนประชาบาลส่

فرنجية يستقبل وزير الإعلام المصري

日本では 伊東屋

ཉ ད ཟ འ ཕ ད ྃ ཊ ཝ ཟ ཎ ད྄

さまざまな民族の書体。上から下へ：古代中国語，サンスクリット語，アムハラ語，ギリシャ語，ベンガル語，ヘブライ語，古代ペルシャ語，タイ語，アラブ語，日本語，チベット語。

書体

人間の言語，つまり書体の勉強をしようと，マリオ・ローディはヴォー（クレモナ市にある町）の学校で，この問題を遊びに変えてしまった。子供たちにしるしを考案させ，これまでのアルファベットとは異なる彼らの文字を作らせたのだ。このアルファベットを使って生徒は文章を書く。上にあるのはエレナの書いた詩である。ヴォー小学校，5組，学級新聞「インシエーメ（一緒に）」より。

『恋に狂って死んだ小石』1886年,
シャルル・クロスのおかしな書体。1964年, パリ

ファンタジアのアルファベット。古いものと新しいもの。

ファンタジア：17世紀のゴシック大文字

ビフュール体．カッサンドルが 1929 年にドゥベルニー＆ピニョ鋳造所のために考案した。

見知らぬ国の読めない文字。ブルーノ・ムナーリ作。
コンピューター用紙に描いた。1973年。写真：フリア

(偉大なる Isi が言ったこと。「かの人，かの人の息子，万歳」)
アルファベットをクリエイティヴに使う。ジョヴァンナ・サンドリ考案。

アルファベットの文字と文字の隙間を視覚化。1974年，ピーノ・トヴァッリャ作。こうして見ると，この隙間が他の文字に見えてくる。しかし，この文字の場合どのように発音すればいいのだろう？　それぞれの隙間は，異なる両隣の文字で決まる。

雑誌「Graphis グラフィス」のカバーデザイン。1960年, ピーノ・トヴァッリャ作。Graphis という単語を奥行きをもたせて読ませようとする提案。トレーシングペーパーを切り, 単語を重ねて置いた。文字は手前から読まれる順に置かれている。

ROC-A

0123456789

1428

0123456789

7 B

0123456789

NOF

0123456789

電子計算機用の数字。IBM 発案

abcdefghijklmnopqrstuvwxyz

an alphabet designed as part of an experiment
to determine how much of each letter of the
lower case alphabet could be eliminated with
seriously affecting legibility

> ブライアン・コーの研究。判読可能な範囲で，アルファベットの小文字からどの線を取り除くことができるのか。

反復のヴァリエーション

モナリザの図版のヴァリエーション。1962年，ピーノ・トヴァッリャ作。このコンポジションでは，有名なポートレートを複製し，いろいろに組み合わせて4色プロセスで印刷している。色が違うとその効果も随分違う。

15 個の石

　日本の京都にある有名な庭，竜安寺の石庭。15 世紀末に造られたこの庭は，もっとも有名な禅の庭であり，由緒ある庭師の最後の仕事となった庭である。通常，庭とは人が歩き回る場所であり，花壇や植物，花があるものだ。しかしこの庭は瞑想するためだけにあり，白砂と 15 個の石から成っている。これらの石は，2 つ，3 つ，5 つ，5 つと分けられており，分けられた石の集まりは，庭のどこから眺めても，1 つの石がどれか 1 つの他の石を隠すように配置されている。つまり，この庭は石が 15 個

あっても全てを一度に見ることはできないと知ることの思想から造られているのである。把握している事柄全てを一度に見ることはできない。この庭は、植木を立方体、球体、三角錐、何かの動物などというように、幾何学的な形に剪定する有名なイタリア式庭園とは正反対である。知らない形を理解しようともせずに、知っている形に無理矢理変えるのは、幼稚な思想を露呈している。

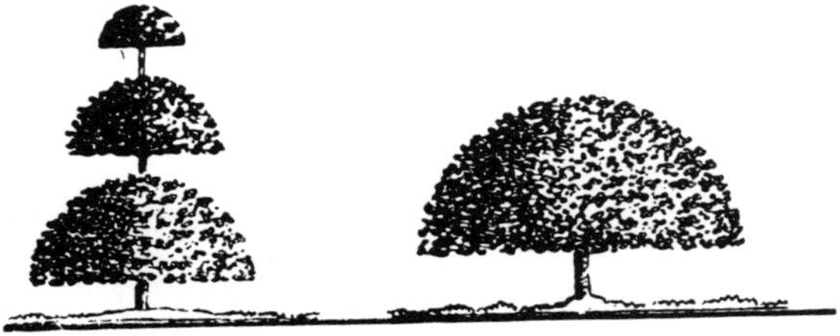

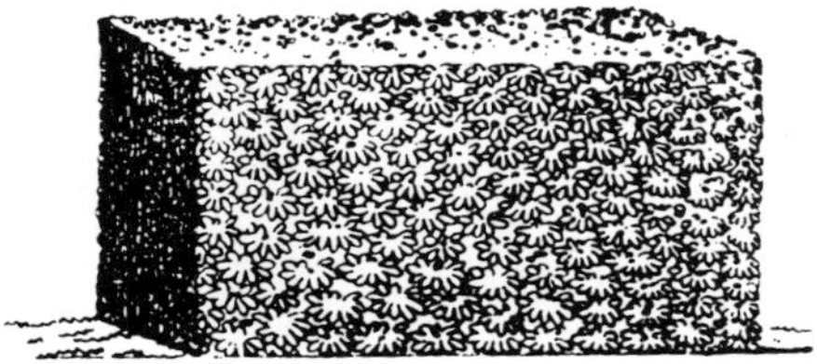

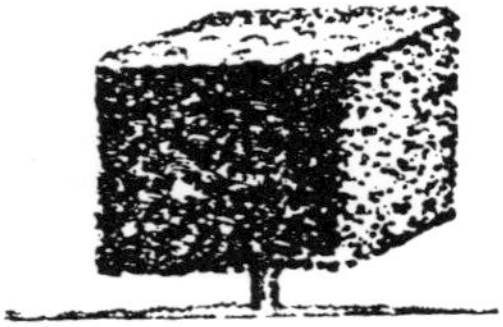

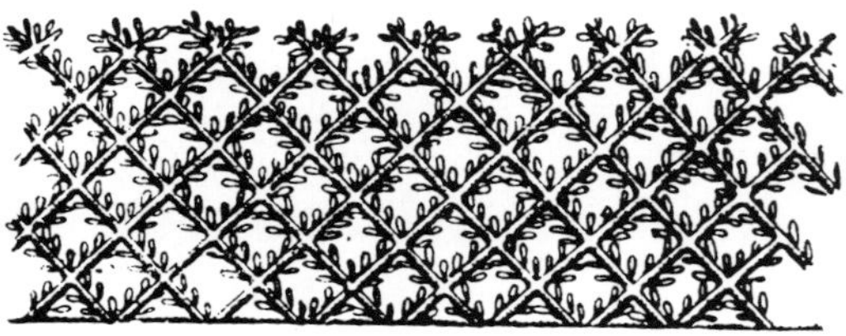

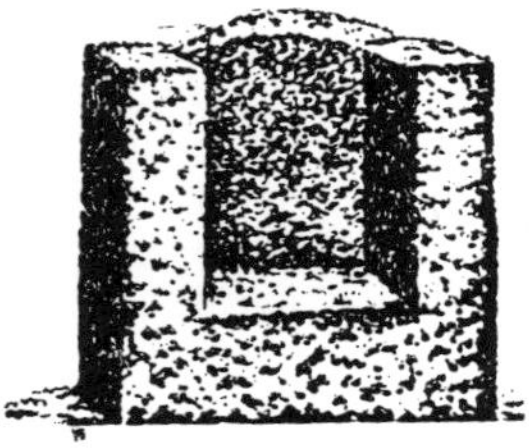

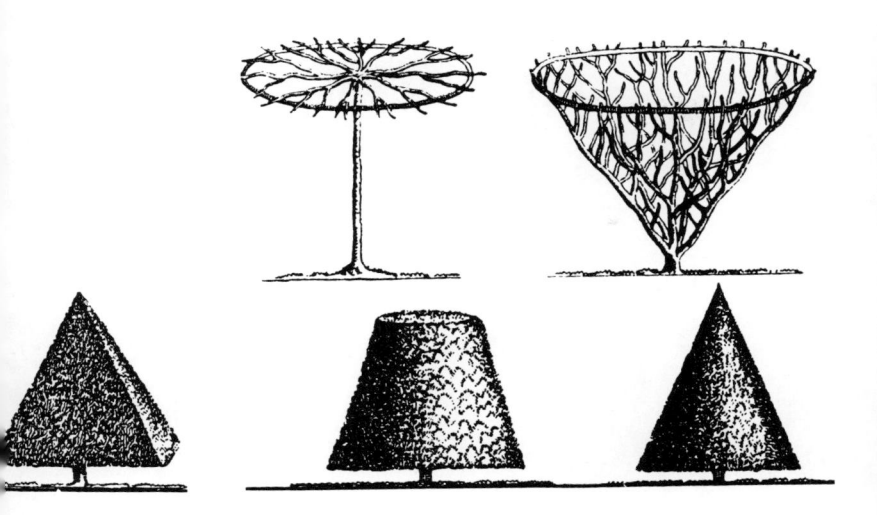

こんなふうに植物を剪定するのは植物の自然な形がわかっていないから。これはファンタジアの行為とはいえない。むしろバカ者や物知らずのなせる技だ。

日本の風景では直線的な橋が一般的である。歩行用の橋の場合は特にそうだ。このように折れた橋はファンタジアの行為であり、いろいろな方向へと思考が向かう。こ

んな日本の規則がある——完璧さとは美しい、が、愚かしくもある。完璧さを知り、使い、破壊しなければならない。

創造性とフォルム

　　初期バウハウスの時代に考案されたインク壺。この壺のフォルムは、その機能を分析することで決定され、論理的フォルムとして了解された。当時はまだペン先を使用して書き物をしており、一般的な直立の壺では、ペン先をインクにつけると、握っているペン軸にまでインクがついてしまう。ところがこのようなフォルムで作られたインク壺なら、ペン軸は汚れない。なぜなら研究の結果得られたフォルムなので、ペン先は必要以上にインクを吸い上げることがなく、常に一定量のインクがつくようになっているからである。

　　さらに、このように「ひっくり返った」壺ならば、たくさんのインク壺の中にあってもよく目立ち、それゆえショーウインドウでは注目を集める役割をも果たす。つまり、この場合のフォルムとは、奇抜でだれにもまねできないものを作るというような気まぐれのファンタジアではなく、機能の論理的解決であり、そう受けとられている。この時代にはファンタジアの瓶が売られていた。手や拳銃、女性やガリヴァルディ像、魚といったフォルムの瓶だ。現在でもアンティークショップで見ることができる。

架空の美術館

　壁にいくつかのシミがある。なんだか群島に見えてくる。そうなったら島の名前を書いた紙切れをそえるだけで充分。パナレア島のちいさな農家の壁がアッという間に諸島地図へと早変わりだ。諸島の名前には実在の島名と架空の島名を半分半分。例えば，ヴルカーノ，リパーリ，ダッティロ，バジリッゾ。おや，実際の島よりシミの方が多い。では，パナルッツォ，リパレア，サリネア，ストロンボルッツォ……としてしまおう。こうして息子のアルベルトと私はずいぶん楽しんだ。やっているうちにこの視覚的関係がもっている面白さに触発されて，

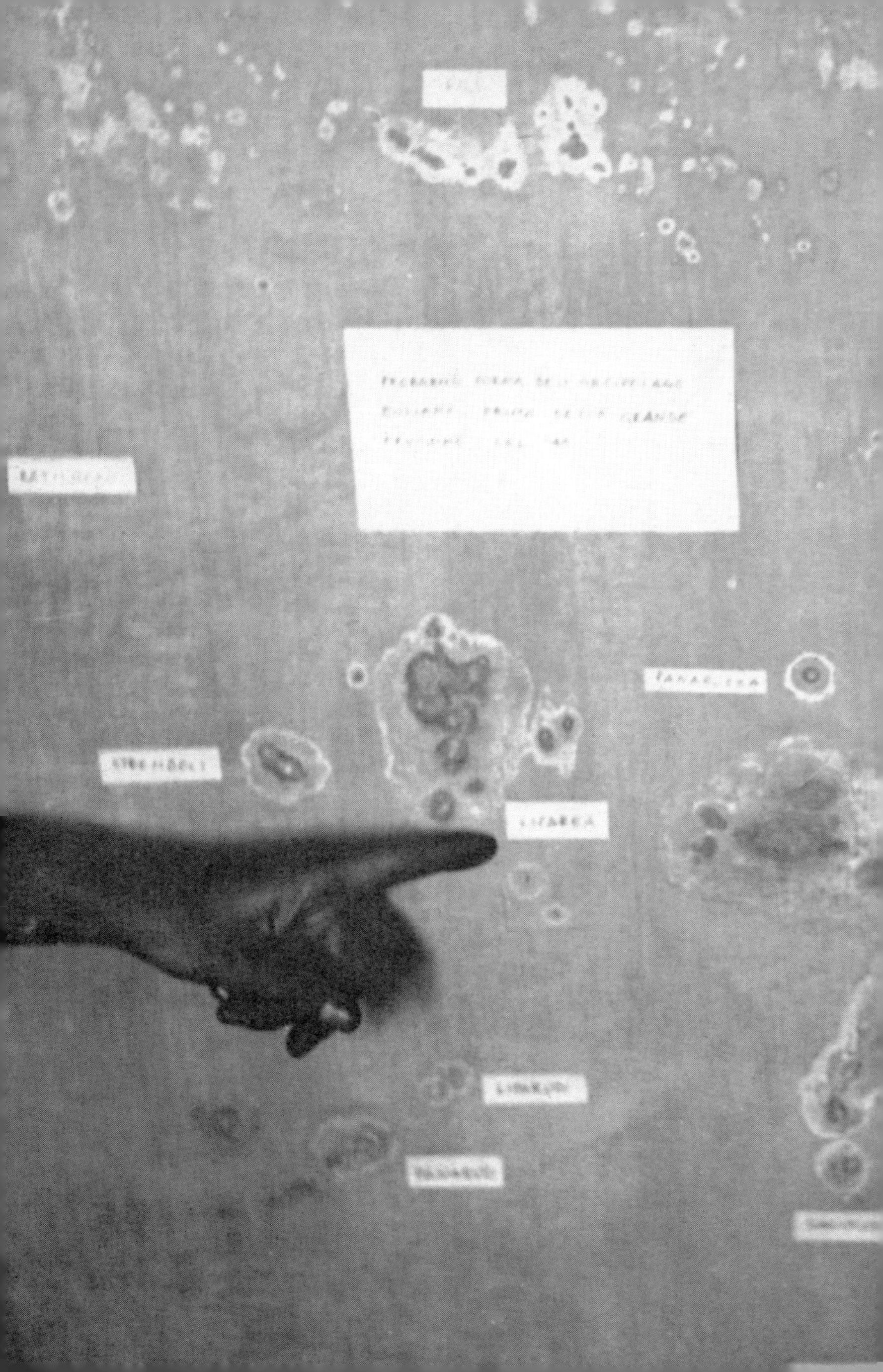

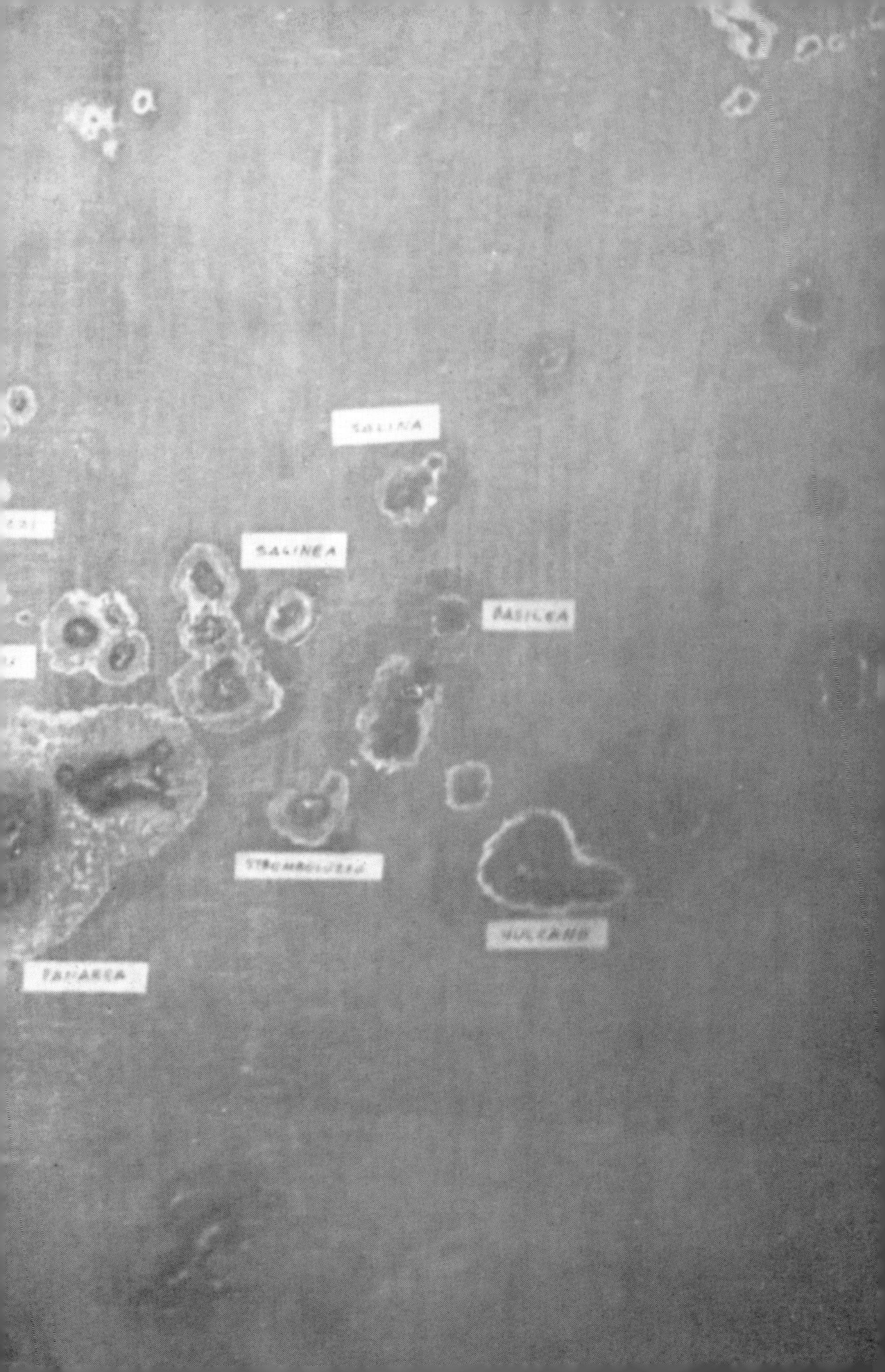
SALINA
SALINEA
BASILEA
PANAREA

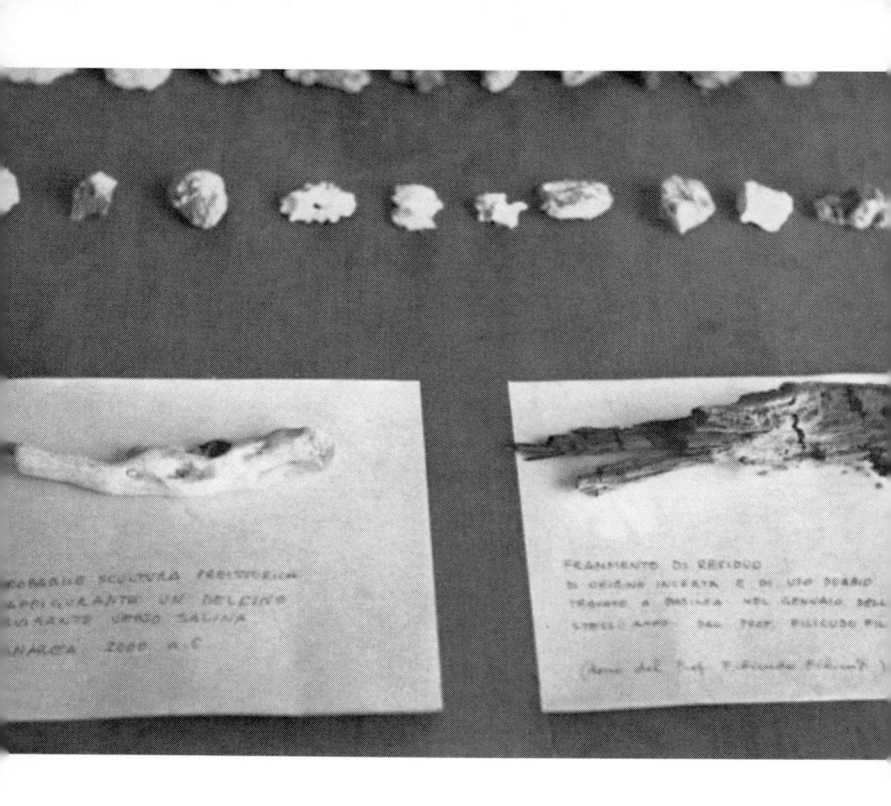

このがらんとしてほとんど空き家のような小さな家に残された物たちをよくよく観察し始めた。そして，鉄でできた四角いオーブンの戸とコテを発見した。それぞれ盾と戦闘用のシャベルのように見えたのでそのように陳列した。ならばと，一緒にパナレア島に夏のヴァカンスで来ていた友人らをこの架空の美術館の開幕式に招待することにした。枝のような石を見つけた。おそらくこれは軽石が発見されるまで地元では浮かべて使っていたものだろう。漁師の妻の小さな彫像らしきもの（実際はカッペリの根が乾燥したものだった）も見つけた。それから，エオリアの貞操帯も見つけた。鉄製で，穴は2つ，かなり錆びていた。他にはおそらくイルカを模して作られた木彫や，ちょうど鉛筆

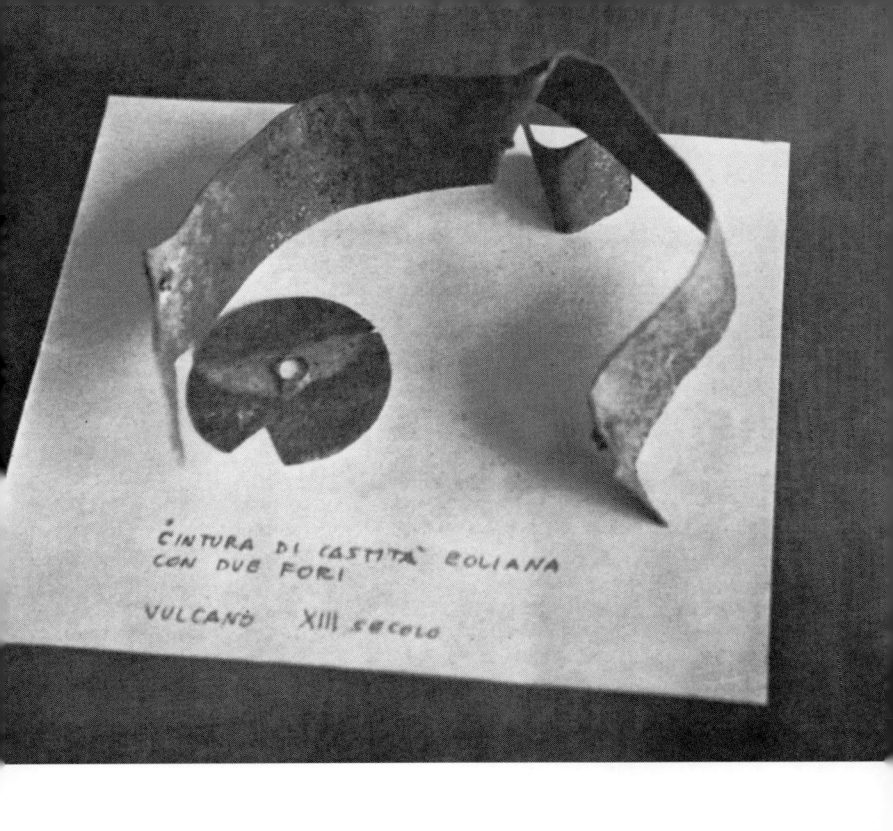

> CINTURA DI CASTITÀ EOLIANA
> CON DUE FORI
>
> VULCANO XIII SECOLO

くらいの大きさの木片でできた海賊の義足の一部を見つけた。そこでわれわれは、この木片をもとに海賊の全身を蘇らせた。真白い紙にデッサンをして、義足のあるべき位置を探すのだ。だいたいの位置を探しちょうどいい場所にこの木片を置けば完成（想像物体の論理的再構成が誕生したのはまさにこの時だ）。しまいにはストロンボルッツォ沖の海岸で、起源、使用目的ともに不明のある物体の残骸の一部を発見するに至った。われわれはこの残骸を当美術館のパトロン、フィリクド・フィリクディ教授の寄贈品として一緒に展示した。

　開幕式の夜、当時はまだパナレア島には電気が引かれていなかったので、空が明るい時間に友人らを美術館に招いた。フィリクド・フィ

リクディ教授はイチジクの葉っぱに次のようなメッセージを書いて送ってきた。「オープニングには参加できません。代わりと言ってはなんですが,わたくし愛用のハサミを送ります。これでテープカット願います」

友人らはおおいに美術館を気に入ってくれた。ピエロ・ディ・ブラージは写真を数葉撮っていた。みんなで地物のワインを飲み,美術館の入り口に生えていたアーモンドの木の実を食べた。そして,辺りが暗くなると持参の懐中電灯をつけて,夜遅くまで語らったのだった。

次の日,私たちは美術館を壊さねばならなくなった。なぜかって？
観光客が本当の美術館と思い込んでぞくぞくとやって来るんだもの。

ある一つのモノがべつのモノになりうると知ること，それは変化に関する一種の知識となる。変化とは，現実世界において唯一不変のものである。つまり，すべては移りゆく（多くの人がこう言ってきた）のである。この現実に子供を慣れさせるのに，中国に古くから伝わり，広く親しまれたタングラムという遊びがある。一枚の正方形の板が7つに分割されたもので，子供は無限の方法で無限のかたちに組み合わせることができる。使うのはこの板（7つに分割された一枚の四角い板）だけだが，組み合わせ可能なイメージは無限にある。

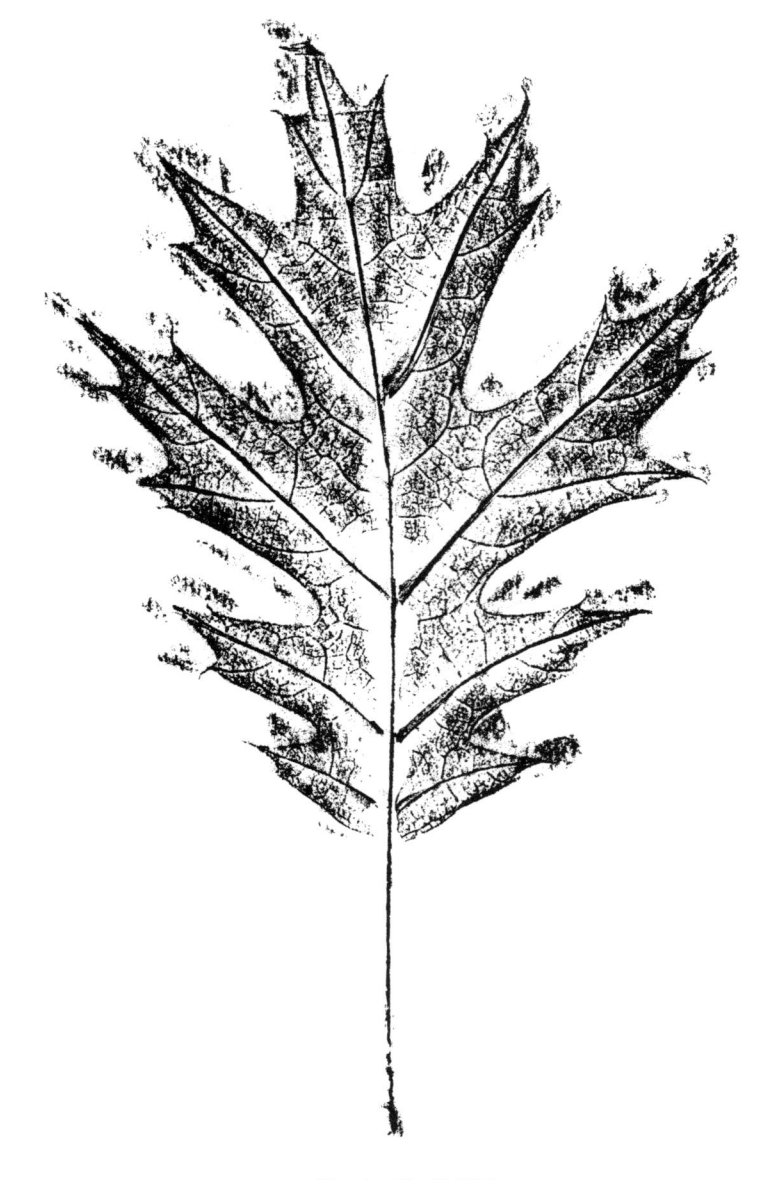

樫の木の葉の透写図

モノからモノが生まれる

　たった1枚の葉でも，隠れた関係を視覚化するための研究の対象となりうる。樫の木の葉を透写するために，葉の上にトレーシングペーパーをのせて輪郭をなぞる。別のトレーシングペーパーには主要な葉脈だけ，また別の紙には葉の先端の点を，さらに別の紙には葉の輪郭の内側の点を，そして葉の先端の点とその他の要素を結んだ線をひいてみる。それから別の紙には……。

　この中のいくつか，2つでも3つでも，しるしと線を重ね合わせてみると，たった1枚の木の葉からじつにさまざまな図形ができるとわかるだろう。

樫の木の葉の輪郭

樫の木の葉の葉脈

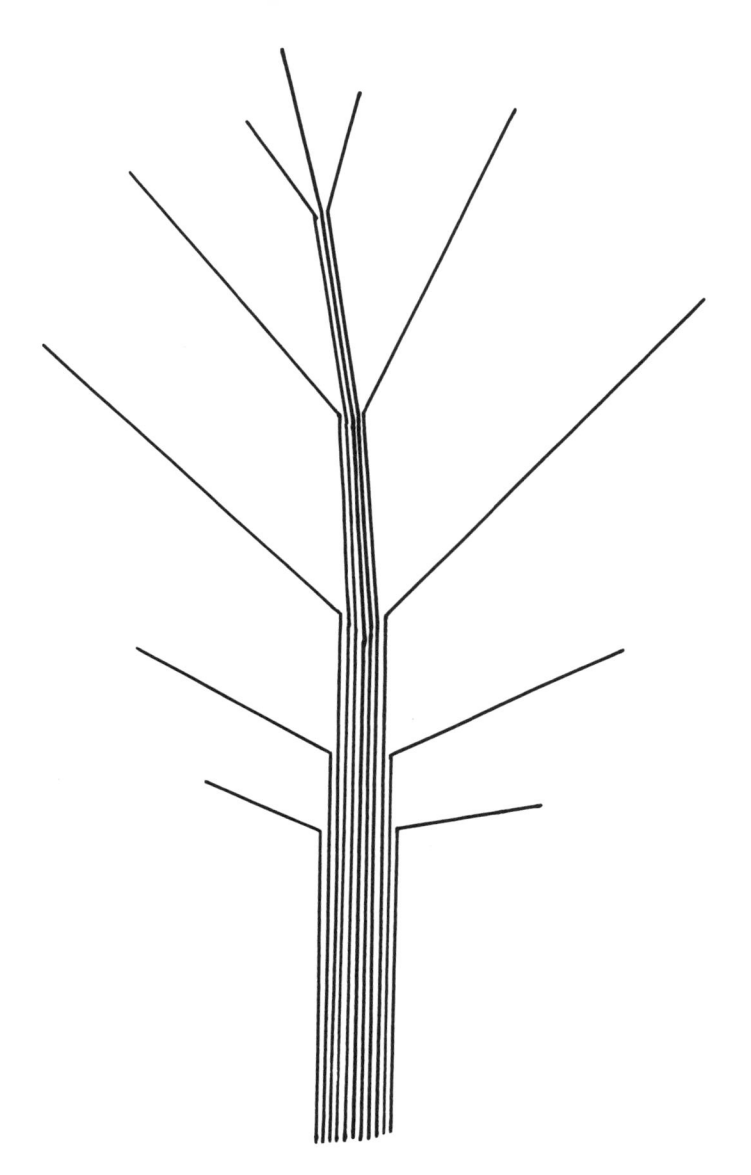

葉の先端の点と茎を結ぶ主葉脈

葉脈の主要な分岐点
葉の外枠の点，先端点

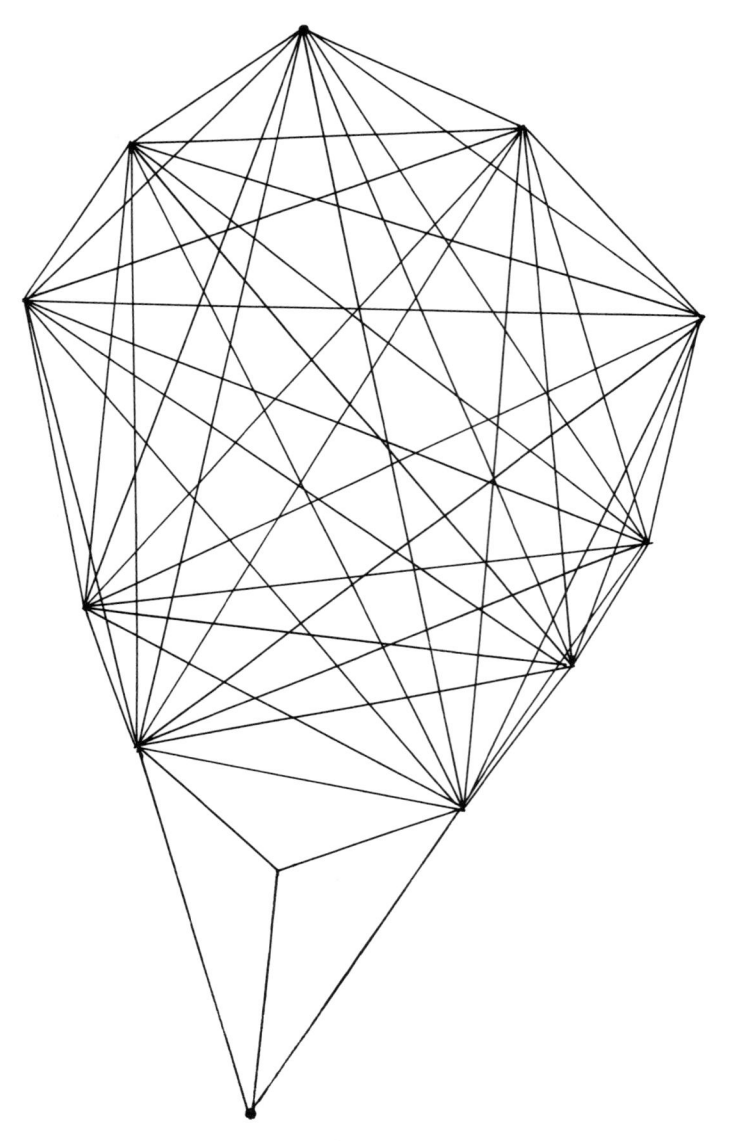

葉全体にあるすべての先端点同士の関係

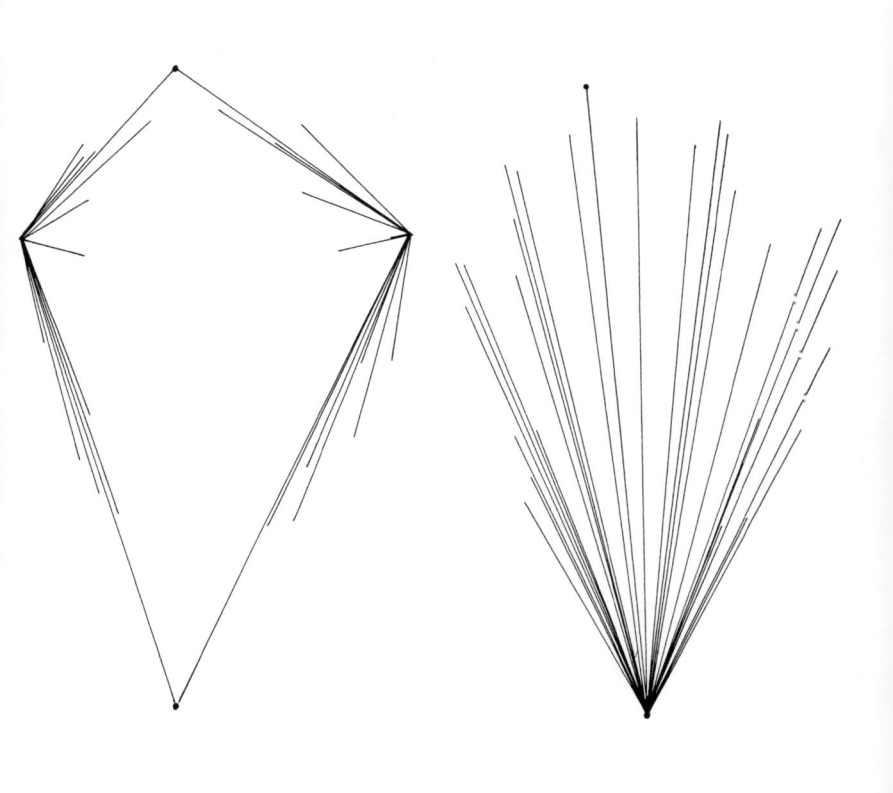

葉の先端点間の関係。右同士,左同士として
葉の先端点と接合点との関係

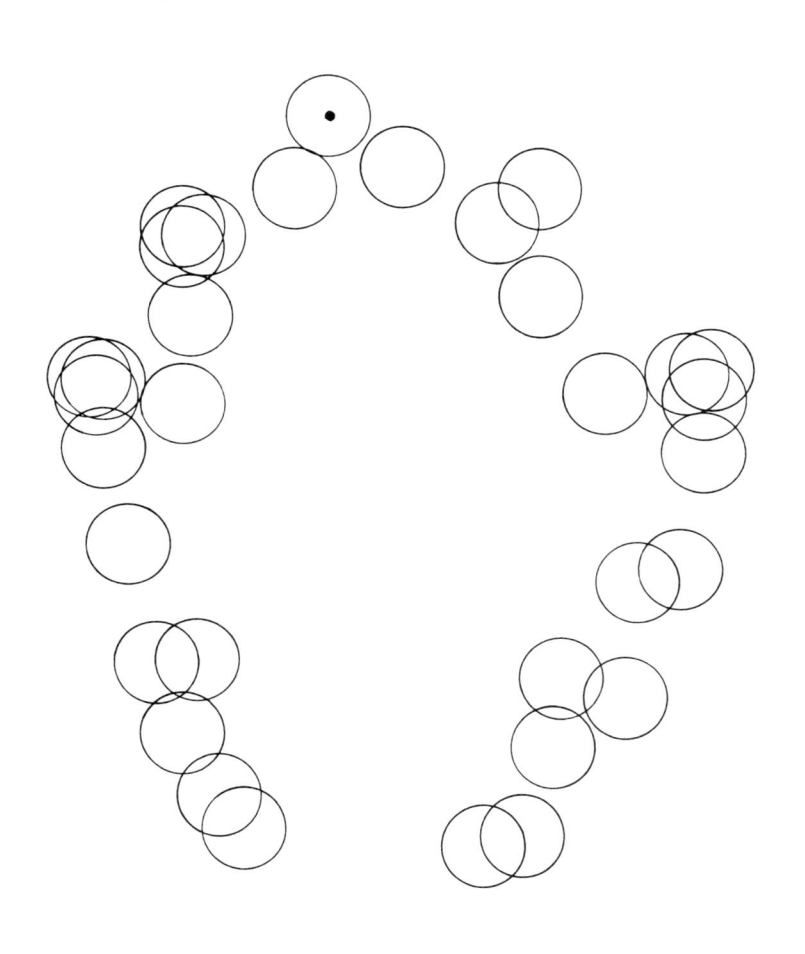

葉の先端点を中心とした同一半径の円

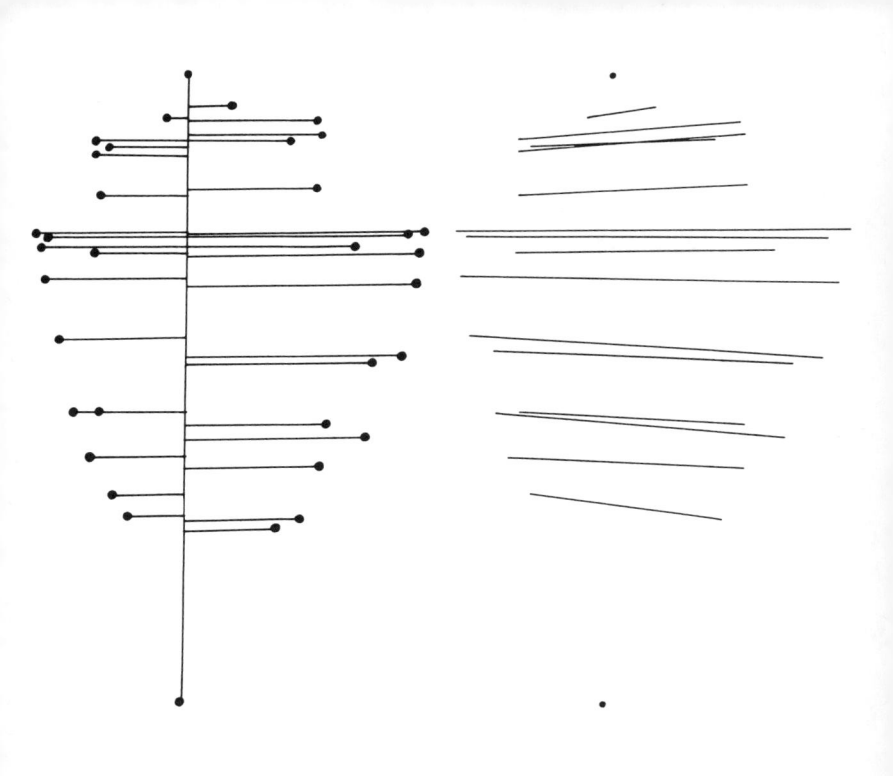

葉の中心軸と先端点を水平に結ぶ

葉の先端点と先端点を結ぶ

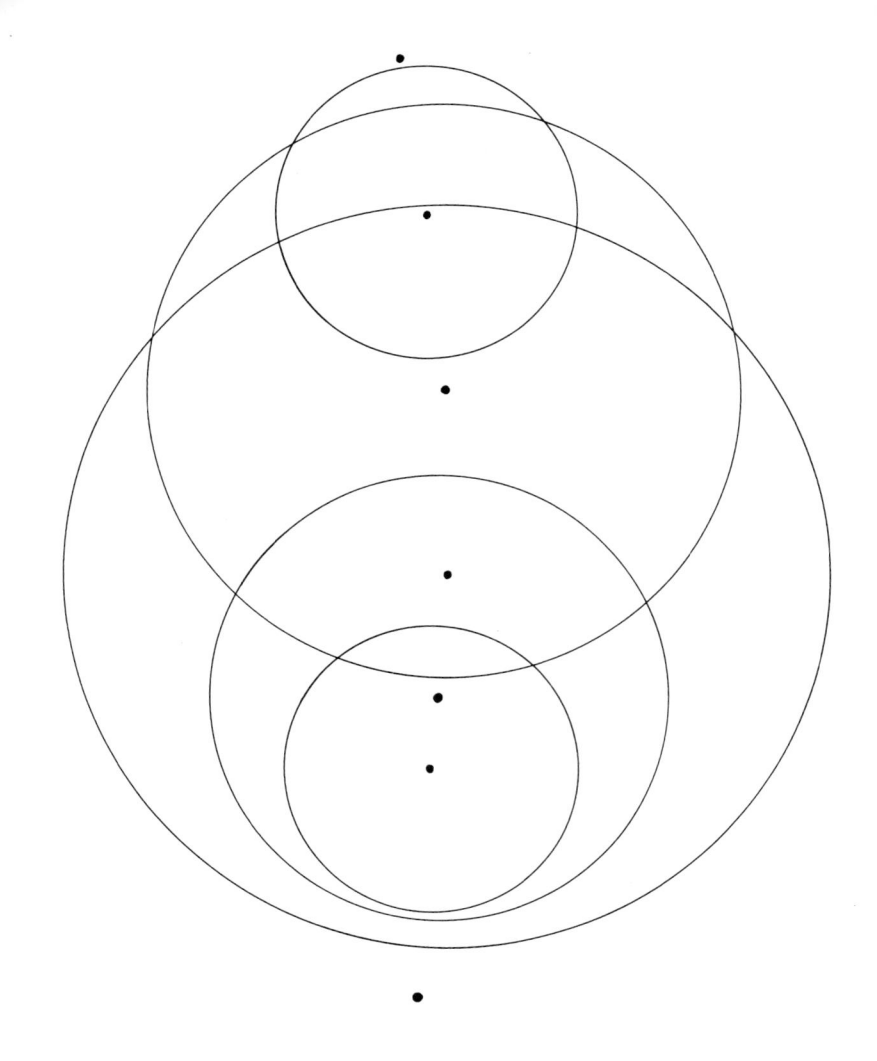

主葉脈の接合点を中心にした円。半径は葉脈の
広がりそのもの。

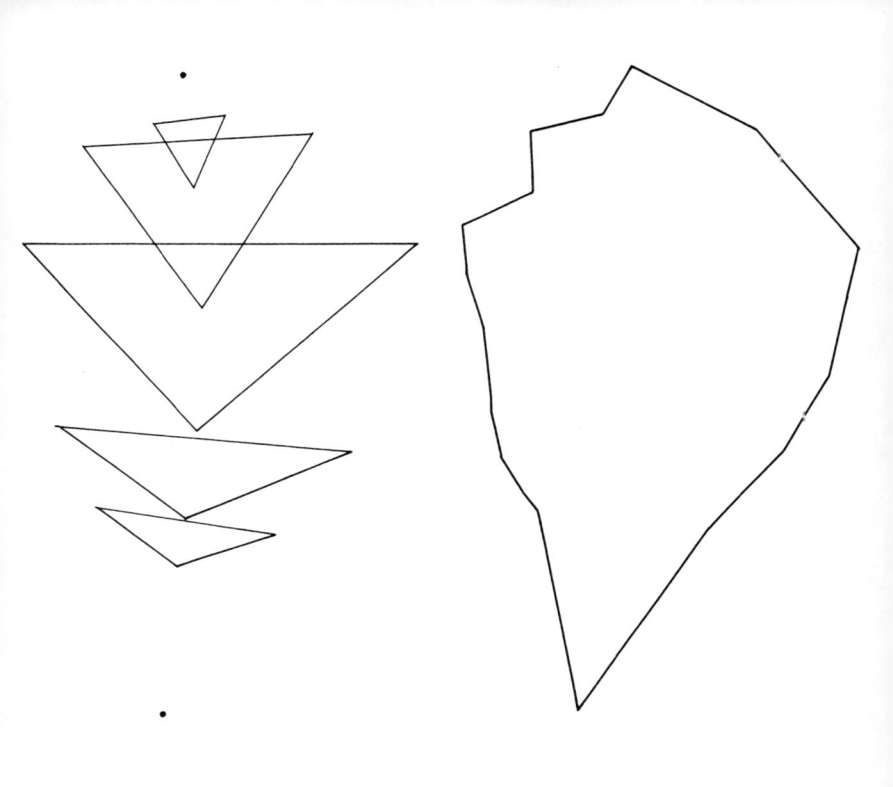

葉の先端点と葉脈の合接点の関係

葉の最大面積

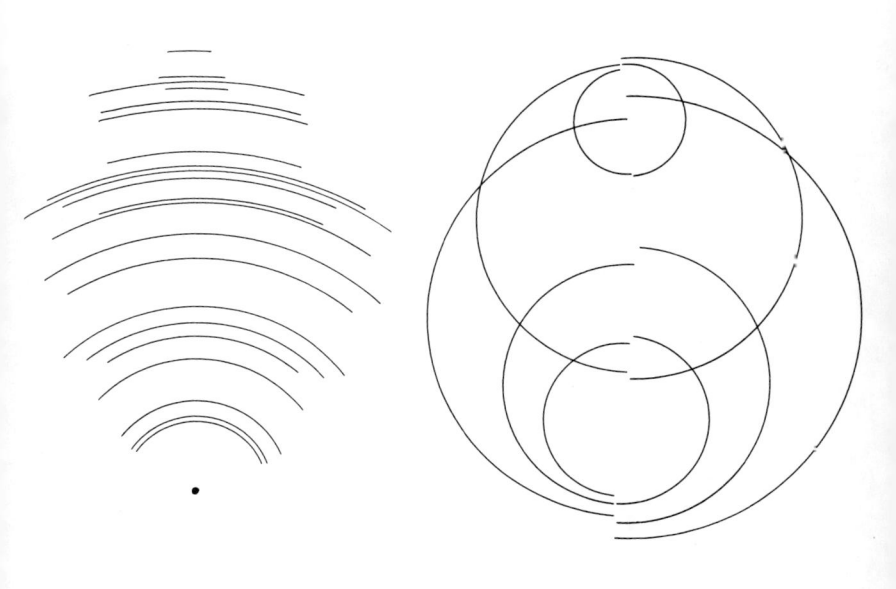

1枚の葉についての自由なヴァリエーション。すべての線, すべての曲線はその葉の尺度に必ず関係している。コンパスの中心点を葉の先端点に置き, 円の半径を他の一定値でとったもの。何本かの直線を葉の内側のすべての点と結んだり, 結び合わせたりしたもの。曲線や直線で先端点と, これから発見する点を結んだもの等々。

　この数ページのデッサンはどれも, 好きな順序で重ね合わせることもできる。これが可能なのは, どのしるしも同じ1枚の樫の葉を検証し得られた主要な点と関係をもっているからである。このヴァリエーションは個人によってそれぞれ違うし, 無限にある。

透明な紙に描かれたイメージを組み合わせて遊ぶ子供たち。とても楽しそうだ。この遊びは頭で考えるのと同時にすすむ。子供たちは夢中になってイメージを組み立てたり，解体したりする。いくつもの組み合わせが可能。

ARRE CABALLO 39

訳者あとがき

　本書は，ブルーノ・ムナーリ『ファンタジア』(Bruno Munari, Fantasia, Laterza, 1977) の全訳である。

　ムナーリは1907年10月24日ミラノで，給士でありのちに旅館経営者となる父エンリコと刺繍職人の母ピアの間に生まれた。生後まもなく，一家はヴェネト州，アディジェ河付近の自然豊かな田舎町バディア・ポレージネに居を移す。川辺の葦や草，枝，石といったものから「遊び道具」を作り楽しんだという幼少期には，自然への深い愛着と身近なものから新しい何かを発見する目を育んだにちがいない。18歳で単身ミラノへ戻ると，1998年9月29日に91歳でこの世を去るまで，生涯その地を拠点として活動を続けた。

　存命中よりプロダクト／グラフィック・デザイナー，あるいは「木をかこう」をはじめとする子供のためのワークショップの発案者として，イタリア国内はおろか欧米各国で広く知られていたムナーリだが，没後，氏が1957年の設立当初からその企画に深く関わったプロダクト・ブランド，ダネーゼの復活やコッライーニ出版社による精力的な復刊などにより，近年さまざまなかたちでその活動が受け継がれ始めている。とりわけ日本との関わりは深く，先に述べたワークショップや個展の開催の折には来日し，瀧口修造や柳宗理，武満徹らと知己を得ている。また竹細工やタタミ，盆栽という自然に根ざす日本の文化は，創作の原点である幼少期の記憶の再発見でもあり，親しみを覚えるとともにしだいに傾倒していったようだ。

　「各々の人が異なったムナーリを知っている」と自ら語るように，その活動分野は，彫刻，絵画，絵本，装幀，ポスターデザイン，工業デザイン，詩作，著述と，ざっと列挙してみただけでも実に幅広い。こうした活動の出発点となるのは，1927年に遡る後期未来派への参加であるが，これはいわゆる「未来主義」に賛同してのことではなく，知人の紹介という気軽なものだった。それは一躍ムナーリの名を知らしめたあの《役に立たない機械》を見ても明らかだろう。着色された数本の細い木材を宙に吊り，かすかな空気の流れで軽やかに回

転するあの《機械》からは，未来派に対する，ひいては「芸術」と呼ばれるものに対するムナーリの柔軟でやや皮肉めいた態度を読みとることもできる。とはいえ，当時弱冠20歳のムナーリにとって，同世代との交流や未来派グループ展への参加，あるいは年長者の理論家 E. プランポリーニとの出会いは，少なからぬ意義をもたらしたにちがいない。実際，当時の芸術の中心地パリと地理的，文化的に周縁であったミラノとをむすぶパイプ役を担っていたプランポリーニを通じて，ムナーリはヨーロッパの前衛芸術について見聞を広めることになった。

さらに初期の活動として注目すべきは，友人とスタジオを開き，グラフィック・デザインの仕事に着手していることである。エイナウディ社やボンピアーニ社，ザニゲッリ社といったイタリアを代表する出版社との長年にわたる仕事もこの頃に始まっており，共同作業や依頼主の要望に応えねばならない現場での経験から，制作の起点を観念ではなく技術力に置くようになる。これはムナーリ作品に通底する「すでにあるものを新たに生まれ変わらせる」という視点を支え，可能にする基盤ともなった。また，子供たちに向けた絵本づくりもこの時期に始まっている。

1948年にはトリエステ出身のG. ドルフレス（現在では著名な批評家であり理論家）とともに具体芸術運動（Movimento Arte Concreta）を旗揚げし，中心的な役割を担う。「具体芸術」とは，彼らの言葉によれば，抽象化されたフォルムではなく，幾何学的フォルムや線や色彩によって「具体化」されたイメージにより表現される芸術を指す。なぜこのように自らの思潮を言葉により規定したかといえば，それは戦後直後からイタリアで激しく交わされた「レアリズモ」か「抽象主義」かという芸術論争を踏まえねばならない。つまり「具体芸術」派とは，抽象でも具象（レアリズモ）でもない新たな芸術思潮だという意思表明も含んでいるのである。戦後のイタリアにおける芸術運動の系譜を今ここで詳しく述べる余裕はないが，いずれにしても，建築，装飾，デザイン，芸術の「統合」を目指す「具体芸術」という試みがムナーリをインダストリアル・デザイナーへと向かわせる一因となったのは確かである。

さてムナーリには、ここまで述べてきたいわば「クリエイター」としての顔の他に、「理論家」あるいは「教育者」としての顔もある。晩年、とりわけ子供の教育に尽力したムナーリであるが、これは1967年にハーヴァード大学カーペンター視覚芸術センターで客員教授として教鞭をとったことがひとつの転回点となった。翌年にはこの講義をもとに『デザインとヴィジュアル・コミュニケーション』（7月にみすず書房より刊行予定）が上梓され、以後『芸術家とデザイナー』、『モノからモノが生まれる』といった著作の中で、積極的に「デザイン」への提言や方法論、その教育方法を語るようになる。

　本書『ファンタジア』も「理論家／教育者」としてのムナーリによる一冊といえるだろう。だが、タイトルである「ファンタジア」という語の響きは、本書が他の著作とは趣を異にすると予感させる。なるほど辞書を繙けば、「ファンタジア」とは「空想（力）」「幻想、妄想」となる。こう聞くと、芸術家ならではのロマンチックな、あるいはユートピア的な発想で、《現実》とはかけ離れた謎めいたものだと思われるかもしれない。しかしムナーリのいう「ファンタジア」とは、むしろその反対で、身近にあるモノに向き合い観察し、その上で分析し解明された、「創造行為」を掌る人間の本能的な能力を指しているのだ。

　例えば、パラパラと頁をめくってみてほしい。そこには数多くの図版が並べられていることに気づくだろう。一見すると何の脈絡もなさそうなこれらの図版も、ムナーリ独特のユニークなキャプションをもってすれば、一頁一頁、綱から綱へ、ぴょんぴょんと鮮やかにジャンプするかのように、ファンタジアの具体例をわたしたちに見せてくれる。このようなアクロバティックな離れ業も本書の大きな魅力のひとつであるが、もちろんこれは、「前衛芸術家」「デザイナー」「理論家」「教育者」としての経験とその中で培われた複合的な眼差し、加えて明快な論理にしっかりと裏打ちされてなし得ることであり、神業や偶然の産物では決してない。しなやかな発想と抜群のユーモア、これはどの作品にも息づくものである。ただ、本書がムナーリ70歳にして執筆されたことを思い起こすと、今そのことに改めて感嘆しないわけにはいかない。ムナーリは次のような言葉を残している。

子供の精神を，一生ずっと
　　自分の中に持ち続ける。
　　それは知りたいという好奇心を
　　理解する喜びを
　　コミュニケーションしたいという思いを
　　持ち続けるということ。

これはまさにムナーリ自身のことであり，その活動が指向し続けたことであろう。「遊び心に溢れたムナーリ，年老いても子供心を失わないムナーリ」とよく形容される。しかしこれは結果としてのムナーリだ。重要なのは，そこに至る経過，つまり常に他との関係の中に自分を置き，その関係を育み築こうとすることではないだろうか。そしてその働きかけこそがムナーリの提示する「ファンタジア」であり，ムナーリの思想をもっとも明確にあらわす言葉なのである。

　次々に示される発想の転換や平明な文章での語りかけには，「わたしにもできるかもしれない」と思わせる素朴な力がある。「感性」や「創造力」は生まれつき天から賦与される，選ばれし者だけの能力ではない。さらに「クリエイティヴである」とはいわゆる「創作する」ことだけを指すのではない。「クリエイティヴィティ」は日常のふとした場面やささいな瞬間にも発揮されるもの——そんなふうにムナーリは，わたしたちにバトンを渡してくれているのではないだろうか。そのバトンを受け取って疾走してみるかどうかは，そう，わたしたち次第なのだ。

　最後に，節目節目でお世話になった東京外国語大学の和田忠彦先生，並びに恩師である京都大学の岡田温司先生にはこの場を借りて感謝を申し上げたい。また，最初から最後まで進むべき道を照らして下さったみすず書房の小川純子さんにも，言葉に尽くせぬお礼を申し上げる。

　　　　　　　　　　　　　　　　　2006年初春　　　　萱野有美

著者略歴

(Bruno Munari, 1907-1998)

1907年ミラノに生まれる．プロダクトデザイナー，グラフィックデザイナー，絵本作家，造形作家，映像作家，彫刻家，詩人，美術教育家．後期未来派に参加し，絵画や彫刻を制作．1933年に代表作《役に立たない機械》を発表．1942年に絵本『ナンセンスの機械』(原題『ムナーリの機械』) を刊行，この頃より子どもの創造力を育てるための絵本づくりを手がけはじめる．1948年創立メンバーの一人として具体芸術運動 (Movimento Arte Concreta) に参加．同年，児童のための新しい様式の絵本7種を発表．1954, 55, 79年に優れたデザイナーに与えられるコンパッソ・ドーロ賞を受賞．1956年よりプロダクトブランド，ダネーゼとのコラボレーション開始．1967年ハーヴァード大学でヴィジュアル・デザインの講座を担当．1985年東京の〈こどもの城〉で「大ムナーリ展」開催．その他，パリ，ミラノ，エルサレムなど国内外を問わず個展を開催．1998年91歳で死去．著書に『芸術としてのデザイン』(ダヴィッド社)，絵本『木をかこう』『太陽をかこう』(至光社国際版絵本)『闇の夜に』(河出書房新社) など多数．

訳者略歴

萱野有美〈かやの・ゆうみ〉1975年千葉県に生まれる．東京外国語大学外国語学部欧米第二課程 (イタリア語) 卒業．京都大学大学院人間・環境学研究科修士課程修了．訳書に，ムナーリ『デザインとヴィジュアル・コミュニケーション』(2006)『モノからモノが生まれる』(2007)『芸術家とデザイナー』(2008) アンニョリ『知の広場』(2011) ギッリ『写真講義』(2014) アンニョリ『拝啓 市長さま，こんな図書館をつくりましょう』(2016) ピアゼット ン『美しい痕跡』(2020．以上みすず書房)．

図版クレジット：p.39 René MAGRITTE "L'Empire des Lumières", 1954 ©ADAGP&SPDA, Tokyo, 2006／p.41 Marcel DUCHAMP "Fountain", 1917 ©ADAGP&SPDA, Tokyo, 2006／p.48 Fulvio BIANCONI, design of Fulvio Bianconi by kind concession of the copyright owner, Dimitri Fulvio Georgiades Bianconi／p.56, p.86-87, p.103 Ronald SEARLE ©Ronald SEARLE／p.61 Constantin BRANCUSI "Colonna senza fine", 1946 ©ADAGP, Paris&SPDA, Tokyo, 2006／p.63 Pablo PICASSO "Tête de taureau", 1942 ©2006-Succession Pablo Picasso-SPDA (JAPAN)／p.66 Gerard HOFFNUNG "Rock'n Roll" is from *The Hoffnung Companion to Music*, published by the Hoffnung Partnership, London, owner of the copyright. http://Welcome.to/ GerardHoffnung／p.67 MAN RAY "Violon d'Ingres", 1924 ©ADAGP&SPDA, Tokyo, 2006／p.69 MAN RAY "Paine peint", 1960 ©ADAGP&SPDA, Tokyo, 2006／p.73 Meret OPPENHEIM "Objet", 1936 ©2006 by ProLitteris, CH-8033 Zurich & SPDA, Tokyo／p.76 Ren MAGRITTE "Souvenir de voyage", 1951 ©ADAGP&SPDA, Tokyo, 2006／p.77 Salvador DAL "La persistence de la memoire", 1931 ©Salvador Dal Foundation Gala-Salvador Dal VEGAP, Madrid&SPDA Tokyo, 2006／p.78 Claes OLDENBURG "Soft Typewriter-Ghost Version", 1963 ©CLAES OLDENBURG／p.108 Erwin BLUMENFELD "Minotauro" n.d. ©ADAGP, Paris&SPDA, Tokyo, 2006／p.111 Ren MAGRITTE "L'Invention Collective", 1935 ©ADAGP&SPDA, Tokyo, 2006／p.114 Ren MAGRITTE "Le Château des Pyrénées", 1961 ©ADAGP&SPDA, Tokyo, 2006

ブルーノ・ムナーリ
ファンタジア
萱野有美訳

2006年 5 月18日　第 1 刷発行
2024年12月 4 日　第19刷発行

発行所　株式会社 みすず書房
〒113–0033　東京都文京区本郷 2 丁目 20-7
電話　03–3814–0131（営業）03–3815–9181（編集）
www.msz.co.jp

本文印刷所　シナノ印刷
扉・表紙・カバー印刷所　リヒトプランニング
製本所　松岳社

©2006 in Japan by Misuzu Shobo
Printed in Japan
ISBN 4-622-07209-2
［ファンタジア］
落丁・乱丁本はお取替えいたします